우리 음식문화의 지혜

우리 음식문화의 지혜

정대성 지음
김경자 옮김

역사비평사

朝鮮の食べも
鄭大聲

우리 음식문화의 지혜

CHOSEN NO TABEMONO by Daisei Tei
Copyright ⓒ 1984 by Daisei Tei
All rights reserved.
First published in Japan in 1984 by Tsukiji Shokan

Korean translation rights arranged with Daisei Tei
through Japan Forien-Rights Centre & Bestun Korea Agency

이 책의 한국어판 저작권은 일본 저작권 수출센터와 베스툰코리아 에이전시를 통한 저자
'데이 다이세이' 와의 독점계약으로 역사비평사에 있습니다. 저작권법에 의해
한국 내에서 보호를 받는 저작물이므로 무단전재나 복제, 광전자 매체 수록 등을 금합니다.

추천의 말 | 이이화 · 역사학자
우리 음식문화는 한민족 지혜의 산물

정대성 교수의 『우리 음식문화의 지혜』는 흥미롭고도 놀라운 책이다. 한국의 전통 음식문화를 여러모로 잘 정리했을 뿐만이 아니라 일본 등 다른 민족의 음식문화와 비교하여 풀어내 흥미로웠다. 또한 재일동포로서 살기 어려운 여건이었을 터인데도 우리의 음식문화를 전공하고 일본에 이를 널리 알리는 데 앞장섰다는 것이 놀라웠다.

음식문화도 넓은 범위로는 전통문화에 속한다. 19세기 끝 무렵 나라가 식민지로 전락한 뒤에 우리의 풍습과 의례, 놀이와 유희, 음식과 치레 등이 일본 또는 서양문화의 침투로 차츰 사라져갔다. 그리하여 '전통'이라는 접두사를 뒤집어쓰고 골방으로 밀려났다. 해방과 6·25 뒤에는 미군이 진주하고 미국과의 교류가 활발해지면서 이런 현상이 더욱 가속화하여 서양의 것만 흉내냈다. 그리하여 전통문화는 더욱 무덤 속에 파묻힐 지경이었다.

1970년대부터 관계 학자와 문화인들이 전통문화에 새롭게 관심을 기울이기 시작하였다. 과도하게 서구문화에 경도된 현상을 보고 새삼 '우리 문화'에 눈을 돌린 것이다. 특히 한국 사학계에서는 민족생활사를 역사의 한 분야로 편입하여 기술해야 한다는 주장이 일었다. 그동안 민족침략사와 사회경제사에 치중한 역사 서술을 반성하는 의미도 있었다. 그 대중적 성과물이 이이화의 『우리 겨레의 전통생활』(1990, 『역사풍속기행』으로 1998년 역사비평사에서 재간행)과 한국역사연구회에서 공동작업으로 이루어진 『조선시대 사람들은 어떻게 살았을까』(1996)를 비롯한 고대사, 고려사, 근현대사의 '~어떻게 살았을까' 시리즈이다. 이 책들에서는 그간의 연구성과를 토대로 전통생활의 모습을 역사적 관점에서 담아냈다.

이 책들에서도 음식문화를 부분적으로 다루었다. 하지만 음식문화를 전반적으로 다루지는 못하였다. 이 분야의 저술로는 1970년대부터 황혜성, 이성우, 윤서석 등 선진적 전공학자들이 식품사, 식생활사 또는 궁중음식, 향토음식 등의 이름으로 전통음식의 특성을 기술하였다. 하지만 그 내용이 음식의 종류와 영양가의 분석 등에 치중하여 민족정서와 관련짓는다든지, 다른 민족음식과 비교하여 분석하지 못한 아쉬움이 있었다.

한민족은 오랫동안 농업 중심의 사회에서 생존해왔다. 사계절로 나누어지는 온대의 기후는 겨울만 빼고는 곡식과 채소를 심고 가꿀 수 있다. 그래서 쌀의 재배가 적어도 신석기시대인 5천 년쯤 시작된 것으로 본다. 그리고 계절에 따라 밀, 조, 팥, 보리 등 잡곡과 무, 배추, 상추 등 채소를 재배하였다. 뒷시기에는 호박, 고추, 수박 등이 유입되었다.

한편 집집마다 돼지, 닭 등 가축을 길렀으며 수많은 강과 냇물, 그리고 국토의 삼면에 둘러싸인 갯벌에서 조개와 굴과 생선을 무한정 채취해 단백질을 공급받았다. 이런 음식물 원료의 생산공급은 계절에 따른 기후를 적절하게 이용하여 우리의 음식을 특징 있게 하였으며 그 종류도 다양하게 하였다.

중앙아시아의 사막에서 터전을 잡은 몽골족은 유목을 주된 생업으로 삼아 육류를 주식으로 하였으며 아래의 만주 땅에 터전을 잡은 말갈족이나 여진족은 추운 기후 탓으로 반농반목(半農半牧)의 생산조건에 놓여 있었다. 그리하여 몽골족들은 육식을 위주로 하면서 거의 채소를 먹을 줄 몰랐으며 말갈족이나 여진족들은 육식과 잡곡을 혼합하여 먹으면서 다양한 음식 종류를 개발하지 못하였다.

더욱이 몽골족들은 목축을 위해 쉴새없이 이동하면서 물기 있는 음식을 만들 줄 몰랐다. 여진족들은 17세기까지 조선에서 간장, 된장 등 장류를 수입해가고 콩과 채소 종자를 얻어가 재배하려 애썼다. 하지만 여진족들은 기후조건 등 여러 제약으로 다양한 음식을 개발하는 데 한계를 보였다.

　우리 민족음식의 특징은 쌀과 보리, 그리고 잡곡을 주식으로 하면서 고기와 채소를 부식으로 곁들이는 종합적 식문화이다. 닭, 돼지를 중심으로 한 육류를 소규모로 생산하여 고기 음식을 만들었다. 따라서 소는 배설물과 뿔, 발톱 등을 제외하고는 모조리 음식물로 이용하는 독특한 쇠고기 요리법을 만들어냈으며, 겨울과 봄에 공급할 수 있는 발효식품을 개발하였다. 바로 된장, 두부, 김치, 젓갈 같은 저장식품은 세계 어느 민족의 음식보다 발달한 것이다. 더욱이 정착생활을 하고 식수를 원활히 공급한 탓으로 국과 탕과 찌개 등 물기 많은 음식을 필수로 식탁에 올리는 음식 습관을 갖게 되었다.

　19세기에 우리나라에 들어온 서양 선교사들은 우리나라 음식을 보고 호되게 나무라는 기록을 간혹 남겼다. 된장, 젓갈, 김치 등 발효식품을 보고 '음식을 썩혀서 먹는다'고 비웃었던 것이다. 오늘날 식품학자들이 발효식품의 우수성을 인정하는 것과는 사뭇 대조적일 것이다.

　중국의 요리가 다양하기는 하지만 밀을 주식으로 하면서 발효식품의 개발에는 소홀히 했으며 일본에서는 수산물 요리가 풍부하지만 더운 기후조건 등의 원인으로 김치 등 저장식품의 개발을 소홀히 하였던 것이다.

한편 식사예절은 문화의 한 표현이 된다. 우리 민족은 오래도록 불교와 유교의 영향을 받아들여 식사 예절에 반영하였다. 음식을 먹을 때 밥 톨 하나 남기지 말고 국물도 모두 마시는 것은 불교의 영향으로 음식물의 귀중함을 가르친 것이며 어른보다 먼저 숟가락이나 젓가락을 들지 못하게 하고 소리 내어 음식을 먹지 못하게 하는 것은 유교의 가르침에 따른 것이다.

글쓴이와 친분이 두터운 철학자 김상봉 교수는 중국사람과 일본사람의 식사 예절을 두고 비판하면서, "젓가락으로 밥을 흘리며 떠넣다가 남은 밥은 밥공기를 들어 입에 대고 젓가락으로 훑어 넣으며 소리를 요란스럽게 냅디다"라고 말하였다. 그의 말인즉은 왜 숟가락을 쓰지 않느냐는 것이다. 글쓴이도 이 말에 수긍하였다.

이 책에서는 그동안의 연구성과와 풍부한 자료를 이용하여 우리 민족의 식사예절을 비롯해 우리 전통음식을 요모조모 두루 살피고 있다. 보기를 들면 우리나라 최초의 식품사로 꼽을 수 있는 『도문대작』(屠門大嚼)도 인용하고 있다. 『도문대작』은 허균이 유배생활을 하면서 음식을 쉽게 구할 수 없는 처지에 빠지자 아쉬움 끝에 각지의 특산물을 소개하고 '푸주간 앞을 지나며 크게 입맛을 다신다'는 뜻을 따서 이름을 붙인 책이다. 또 하나의 보기를 들면, 왜 중국 사람들과 일본 사람들이 숟가락을 쓰지 않는지에 대해서도 역사적 사례를 통해 쉽게 설명하고 있다.

이 책에서 돋보이는 내용은 여러 민족의 음식을 비교한 부분일 것이다. 각 민족 또는 특수한 지역에 사는 주민의 음식은 자연 환경, 그리고 생산물과 깊은 연관이 있게 마련이다. 이를 조리 있게 설명하고 있으며 우리 전통음식과 비교하였다. 따라서 이런 설명과 비교를 통해 우리 음식의 특성을 이해하게 된다. 이 모든 내용들이 일반인을 위한 것이면서도, 그 토대는 학술적 연구 결과에 따른 것이다.

아무튼 이 책은 온통 인스턴트 식품으로 판을 치고 있는 가운데 우리 음식은 비과학적이라는 편견을 가진 사람들에게 우리 음식문화의 새로운 이해에 큰 도움을 줄 것으로 믿는다. 그렇다고 우리 음식문화를 오늘날 그대로 재현하자는 뜻은 결코 아니다.

2001년 새 봄에
아차산 자락에서 이이화 쓰다.

한국어판 출간에 부쳐

한국에서 이 책을 번역·출판하겠다는 소식을 듣고 저으기 기뻤다. 패스트푸드점을 이용하는 것이 일상화되고 인스턴트식품이 다반사로 식탁에 오르는 요즘의 음식문화를 생각해볼 때 우리의 전통음식을 다시 찾아보는 것도 의미 있는 작업이라 여겨졌기 때문이다.

그러나 원래 이 책은 일본사람들에게 우리나라의 음식문화를 알리자는 취지에서 쓴 것이고 오래 전에 썼던 내용이라 때늦은 것은 아닌가 마음 한켠 우려와 아쉬움도 들었다. 그래도 이 책은 출판되자 당시 일본에서 큰 반향을 불러일으켰다. 신문과 잡지에 연이어 서평이 실리고 크게 소개되었다. 아마도 그 당시(1984년) 일본 사회에서 필요한 정보였던 것이리라.

지금은 한국과 일본 두 나라 사이에 교류가 많아 식생활에 관한 정보 역시 서로가 많이 공유하고 있지만 어느 측면에서는 서로가 생활문화정보를 정확히 알고 있다고 말하기 어렵다. 아직도 정보가 필요하고 그것을 지속적으로 알려야 하는 작업이 필요한 것이다.

한편, 내가 이 책에서 열거한 내용들은 어디까지나 나 자신의 경험과 불충분한 지식을 기초로 해서 쓴 것이다. 그렇지만 지금에 와서 살펴보면 이 책의 내용들조차 시간이 흐르며 잊혀진 내용이 되어 오늘날 한국의 젊은 세대들에게 새로운 내용인 것도 있는 것 같다.

식생활은 '문화'이며, 문화는 사람들의 지혜에 의해 만들어진 것이다. 내가 어디까지나 이 책에서 강조하고 싶었던 것은 "민족의 지혜가 식생활에 응축되어 있다"는 점이다. 일본에서 태어나 자란 나는 일본 제국주의시대의 식민지정책에 따른, 까닭도 없는 차별을 겪은 사람이다. 일본사람들에게 "마늘냄새가 난다", "고추가 맵다"라는 등 먹는 음식을 가지고 차별을 받았을 때의 가슴 아팠던 기억은 지금도 잊혀지지 않는다.

음식의 과학을 공부해온 사람으로서, 그리고 일본에서 살면서 민족의 긍지를 잃지 않고 살아온 사람으로서 이 책을 썼다. 이 밖에도 많은 책을 냈다. 전부 요리에 관한 책이고 식문화를 논한 내용이다. 민족의 지혜를 구체적으로 알기 위한 작업의 일환이다.

『일본으로 건너간 한국음식』(솔출판사)이 2000년 10월에 한국에서 번역됐으니 이 책은 나의 책 중에서 한국에서 출판되는 두 번째 책이 된다. 번역을 맡아준 김경자 씨에게 고마움을 전한다. 독자 여러분의 비판을 바란다.

2001년 2월

정대성

우리 음식문화의 지혜 · 차례

추천의 말 | 이이화 · 역사학자 • 5
한국어판 출간에 부쳐 • 11

식탁 이야기 ——————————————— 17
식사예절 / 쌀밥과 약밥 / 비빔밥 / 국수 먹는 배는 따로 있다 / 또 국수이야기 / 남촌은 술, 북촌은 떡 / 미역국 / 소고기와 육개장 / 개고기요리와 보신탕 / 잣죽 / 방풍죽 / 팥죽 / 죽과 식사도구, 그리고 유교

고기요리와 향신료 ——————————————— 63
불교와 고기요리 / 몽골족의 지배 / 다양한 고기요리 / 후추 이전의 향신료 / 육식과 후추 / 고추는 후추의 대체 상품인가 / 고려후추와 일본요리

야채와 산채 ——————————————— 89
우엉요리 / 죽순과 죽실 / 아오이와 아욱 / 도라지 / 더덕 / 상추와 쌈 / 민들레와 드레싱 소스 / 깻잎 / 한국의 맛 김치

과일 ——————————————— 133
복숭아 / 살구 / 사과와 모과 / 오미자 / 대추

생선 ——————————————— 153
명태 / 청어 / 조기

술 ———————————————— 179
누룩을 만드는 법 / 전국(醵)의 재료 / 술독의 관리 / 술 빚는 법

차와 음료 —————————————— 203
숭늉 / 김유신과 장수(漿水) / 차의 전래와 보급 / 다도가 쇠퇴한 이유 / 새로운 음료의 개발

참고문헌 • 215
지은이 후기 • 217
옮긴이의 말 • 219

식탁 이야기

식사예절

친한 사람들과 식탁에 둘러앉아 식사하는 것은 즐거운 일이다. 이 즐거움은 세계 어디서나 마찬가지이겠지만 민족에 따라 또는 지역에 따라 그 풍경이 다를 수 있다. 주의 깊게 살펴보면 아주 다르기도 하다.

언젠가 일본의 아사히신문(朝日新聞)이 주최한 재일외국인 유학생들의 일본어 웅변대회를 텔레비전에서 본 적이 있다. 홋카이도(北海道)로 유학 온 한국인 김덕환 씨가 '나도 외국인'이란 제목으로 일등을 차지했다. 그가 손짓발짓을 섞어가며 말하고자 했던 것은 자신이 외견상 일본인과 별로 달라 보이지 않아서인지 곧잘 일본인으로 오해받는다는 것, 또 일본에서 생활하면서 식사예절이 너무나 달라 몹시 당황스러웠다는 것이다. 그는 한반도와 일본열도의 식사문화가 아주 다르다는 것을 몸소 체험한 것이다.

'먹는' 문화는 생활 속에서 중요한 위치를 차지한다. 덧붙이면 일본어 웅변대회에서 4등을 한 미국인 유학생은 "일본을 좋아하게 됐지만 아무리 노력해도 낫도(納豆. 메주콩을 푹 삶아 볏짚꾸러미에 넣고 더운 방에서 띄운 것. 겨자, 다진 파, 간장, 날계란을 넣고 잘 섞어 뜨거운 밥에 비벼 먹음 — 옮긴이)는 못 먹겠다"고 했다.

아마 김덕환 씨는 일본열도는 한반도와 같은 문화권에 속하니 생활하는 데는 불편하지 않으리라고 생각했을 것이다. 그런데 유학생활의 첫걸음부터 '먹는' 의식에서 좌절을 경험한 것이다.

우리는 밥을 반드시 숟가락으로 먹으며, 반찬을 집을 때만 젓가락을 사용한다. 반찬도 국은 숟가락을 쓴다. 만약 젓가락으로 밥을 먹으면 복이 달아난다고 야단을 맞는다. 하물며 남의 집에 초대를 받은 경우나 반대로 손님을 대접할 때는 식사예절이 더 엄격하고 형식을 차리게 된다.

부모님께 효도하고 윗사람에게 예절바르게 행동해야 한다는 유교의 엄한 가르침을 받고 성장해 해외 유학생이라는 엘리트의식을 갖고 일본 땅을 밟은 젊은이라면 더더욱 그럴 것이다. 그는 올바른 식사예절을 지키려고 했으나 밥상을 보니 숟가락이 없어 당황했을 것이다. 그리고 숟가락이 없으니 밥을 먹을 수 없었을 것이다.

우리의 식사예절은 먼저 숟가락으로 김칫국물이든 국이든 한 술 떠먹고 밥을 입으로 가져가는 것이다. 밥공기를 손에 들고 먹는 것은 예절에 어긋난다. 왼손으로 밥그릇을 살짝 잡고 오른손으로 숟가락을 쥐고 떠먹어야 한다. 그런데 그때 한국인 유학생의 앞에 나온 상에는 젓가락만 달랑 놓여 있었을 테니 어떻게 먹어야 할지 당황했을 것이다.

어쨌든 식사를 했으니 일본어 웅변대회에도 나왔겠지만, 그의 경험은 바로 한반도와 일본열도의 식문화의 차이를 상징적으로 보여

조선시대의 수저와 젓가락

준다.

　일본의 식사예법은 작고 가벼운 밥공기에 밥을 담아 왼손에 들고 먹는 것이다. 때로는 젓가락으로 밥을 입에 쓸어 넣듯이 해서 먹는다. 중국도 젓가락만으로 식사하는 지역이 많으므로 일본의 식사예절과 좀 비슷하다. 이렇게 되면 식사법의 차이만으로는 식문화의 차이를 설명할 수 없다. 일본처럼 밥그릇을 손에 들고 먹는 것이 식사예절이 되기 위해서는 그릇이 한 손에 들어오게끔 작고 가벼워야 한다. 한국처럼 밥그릇은 상에 놓은 채 숟가락으로 밥을 퍼서 입으로 가져가는 식사법이 되려면 큼직하고 안정적인 그릇이 좋을 터이고, 그릇이 큼직하면 보온이 잘 되는, 뚜껑이 달리고 두꺼운 그릇이 좋을 터이니 고급스런 금속제 주발도 있는 것이다.

　밥그릇을 들고 먹는 경우에는 밥그릇을 놓는 상의 높낮이에 별로 신경을 쓰지 않아도 되겠지만, 밥그릇에서 입까지 숟가락으로 퍼서 가져가려면 일정한 높이가 있는 상이 좋다. 앉았을 때 우리의 밥상

식탁 이야기 21

이 대개 가슴의 아래에 오도록 만들어진 것은 그런 이유 때문이다.

　젓가락으로 먹는 요리와 숟가락으로 먹는 요리가 완전히 같을 수만은 없다. 일본에서는 맑은 장국을 먹을 때 국그릇을 입에 갖다대고 마시고 건더기는 젓가락으로 건져 먹지만, 우리는 보통 숟가락으로 떠먹는다. 국뿐이 아니라 술과 음료수를 뺀 모든 음식은 그릇을 입에 대고 먹으면 예의에 어긋난다. 따라서 국은 건더기가 많고 큼직한 대접에 담겨 나온다. 국에 못지 않게 국물을 넉넉하게 붓고 끓이는 찌개요리도 많은데, 물론 이때도 국물과 건더기는 숟가락으로 먹는다. 된장찌개는 일본의 '미소시루'(みそしる. 일본식 된장국)와 자매 같은 요리이지만 완전히 '숟가락요리' 이다.

　일본은 고대에 젓가락과 함께 숟가락으로 식사를 했으나 헤이안(平安. 794~1192)시대 말기부터 식생활에서 숟가락이 빠지게 됐다고 한다. 나라(奈良. 710~784년)의 쇼소인(正倉院)에서 나온 보물 중에 신라에서 건너온 금속제 식기와 숟가락이 있다. 서민들이 다 이런 도구를 사용했을 리는 없지만 상류계급 사이에서 사용됐음을 알 수 있다.

　1982년 5월 21일자 『아사히신문』 석간의 '일기에서' 라는 칼럼에 츠보이 기요타리(坪井淸足. 당시 나라국립문화재연구소장)가 이에 관해 쓴 기사가 있었다.

사하리 가반(佐波理 加般)
나라(奈良) 쇼소인(正倉院)에서 출토된 보물. 뚜껑의 지름은 18.7센티미터, 총높이 14센티미터. 이 그릇과 함께 전래된 종이가 신라의 고문서여서 한반도에서 건너간 것으로 보인다. (왼쪽)
식기를 옛말로 '사바리'라고 했다. 고대 한반도에 식기가 전해졌을 때 우리말이 그대로 정착한 것을 보여준다. 일본에서는 후에 동제 그릇을 '사하리'라고 부르게 됐다. (오른쪽)

......일본인은 언제부터 젓가락을 쓰게 됐을까? 생활사 책에는 문헌에 나오는 것으로 보아 헤이안시대부터라고 쓰여 있다. 그런데 헤이죠큐(平城宮. 나라시대의 수도(平城京) 내에 궁성이 있던 지역—옮긴이) 터에서는 다른 지점에서도 젓가락이 나온다. 적어도 나라시대에는 하급 관리들도 젓가락을 썼다. 한편 일본인이 쌀을 먹기 시작한 야요이(弥生. 기원전 3세기경~기원후 3세기경)시대는 물론이고 고훈(古墳. 3세기 말~7세기)시대 유적에서는 젓가락이 출토되지 않았다.

여기서 생각할 수 있는 것은 아스카(飛鳥)시대에 들어서 식기와 공기와 접시가 늘어났으며, 그것이 나라시대에까지 이어졌다는 점이다. 그 밥그릇과 접시 모양은 (중략) 한국에서 지금도 일상적으로 쓰고 있는 사발그릇과 같으며, 7세기 언제쯤인지 대륙에서 식기세트

식탁 이야기 23

가 젓가락과 함께 일본에 들어온 것이 아닌가 생각된다.

    그런데 젓가락과 함께 들어왔을 터인 숟가락은 오늘날의 일본식기에서 빠지게 됐다. 국을 먹을 때는 손으로 국그릇을 들어 직접 입으로 가져간다. 한국을 포함한 다른 나라에서는 예의에 어긋나는 매너가 일본에서는 바른 식사예절로 정착하게 된 것이 언제부터인지 궁금한데, 아마 이것이야말로 헤이안시대 화풍화(和風化. 일본풍. 일식은 화식, 일본 옷은 화복이라고 함 — 옮긴이)에 따른 것이 아닐까?

    이런 견해는 정말 옳다고 생각한다. 실제로 취사도구나 식기를 칭하는 일본어에는 우리말의 고대어와 대응하는 것이 적지 않다. 예를 들어 우리말의 '가마'는 일본어로도 '가마'(釜)이고, '냄비' 또는 '남베'는 '나베'(鍋), 숟가락의 옛말인 '사시'는 '사지'(匙)가 됐고, 밥그릇을 뜻하는 '사발'은 '사하리'(佐波里)라고 하는 등등 흔히 쓰는 말 중에도 몇 개나 있다. 이는 헤이안시대에 새로운 식사법이 정해지면서 바야흐로 숟가락이 빠지고 젓가락만으로 식사를 하게 됐기 때문이다.

    우리나라는 고대부터 지금까지 변함없이 숟가락과 젓가락을 한 벌로 썼으며, 그것이 식문화의 한 특징을 이루고 있다. 그리고 오랜 역사 속에서 사람들은 더 편하고 더 맛있게, 그리고 즐거운 '식탁'을 위해 온갖 지혜를 쌓아왔다.

숟가락과 젓가락을 한 벌로 사용해온 우리의 식문화 속에는 어떤 지혜가 담겨 있을까?

쌀밥과 약밥

도작(稻作)·미식(米食)민족에게 흰쌀밥을 먹는다는 것은 최고의 생활을 의미했다. 적어도 얼마 전까지만 해도 그랬다. 그런데 일본에서의 쌀 소비는 점점 감소되고 있다. 쌀이 인기가 떨어진 것이 아니라 빵 등의 분식과 냉동식품 등의 인스턴트가 증가해서이다. 이제 잡곡밥은 일반 식당에서 찾아볼 수 없다. 요즘은 자연식이나 건강식을 좋아하는 사람들이 찾는 음식이 되어버린 느낌이다. 그러나 식량부족과 영양균형 등의 문제가 표면화되면 잡곡밥을 재인식하게 될 때가 올 것이다.

우리에게도 옛날부터 '쌀밥신앙'이 있었다. 전통적으로 쌀농사를 무엇보다 중요하게 여겼다. 쌀농사는 사람들의 생활 그 자체였던 것이다. "쌀밥에 고깃국, 비단옷에 기와집"이란 말에 쌀밥이 맨 처음 등장할 정도로 쌀밥을 먹는 것이 그 당시 사람들의 생활목표였다. 또 사회주의 국가인 북한의 농업정책 슬로건 중에 "쌀은 사회주의 그 자체이다"라는 것이 있다. 여기에도 쌀의 중요한 위치

매김이 단적으로 드러나 있다.

그리고 쌀밥을 끊임없이 추구해온 오랜 식생활의 과정에는 쌀 대신에 잡곡을 어떻게 하면 맛있게 먹을 수 있느냐, 어떤 잡곡이 사람의 몸에 이로우냐 하는 연구가 거듭돼왔다.

잡곡밥은 종류가 많은데, 그 전형에 해당하는 것이 약밥이다. 음식에 '약' 자가 붙는 경우를 흔히 볼 수 있다. 약주, 약수, 약념(양념), 약과, 약포, 약식 등등.

이것은 '약식동원'(藥食同源), 즉 약과 음식의 근원은 같다는 사상을 표현한 것이다. 우리 민족은 늘 음식과 건강의 관계를 염두에 두었고, 단지 배불리 먹기만 하면 그만이라는 식은 아니었다. 그러기에 재료 고르기와 요리법에는 많은 지혜가 축적돼 있는 것이다.

약밥을 예로 들어보자. 약밥은 찹쌀로 지은 팥밥에 대추, 잣, 호두, 밤, 계피, 꿀, 간장, 참기름 등을 섞어서 시루에 찐 고급음식으로 궁중요리 중의 하나이다. 때로는 조나 수수를 쓰기도 하고 곶감이나 건포도를 넣기도 한다. 아무튼 산과 들에서 나는 열매 중에 좋은 것은 다 들어 있으니 약이 되는 음식일 것이다.

약밥은 아니지만 조와 피, 보리, 수수를 한데 섞어 지은 잡곡밥도 있고, 콩나물밥과 같은 야채밥도 있다. 각종 잡곡은 물론이고 무나 콩나물, 김치 같은 것도 서슴없이 넣어 밥을 짓는다.

나는 완두콩을 좋아한다. 언젠가 가게 앞을 지나다 완두콩을 발견하고 집에 사들고 와, "콩깍지를 벗겨서 완두콩밥을 만들어 달라"고 아내에게 부탁했다. 그런데 아들녀석들이 맛이 없다며 완두콩밥을 먹지 않는 것이다. 중학생이던 막내는 일부러 완두콩을 골라내고 흰밥만 먹는 것이었다. 태평양전쟁(일본에서 제2차세계대전 중 미국과의 전쟁을 일컬음. 1941년 12월 8일~1945년 8월 15일 — 옮긴이)과 전후(戰後)의 식량난 시대를 교토(京都)의 시골에서 보낸, 쇼와(昭和)의 한 자릿수 세대(쇼와 1년인 1925년부터 쇼와 9년인 1934년 사이에 출생한 세대 — 옮긴이)인 나에게는 그립기도 하고 동경에 가까운 완두콩밥이었다. 1952, 53년쯤까지만 해도 쌀밥보다 완두콩밥이 더 고급스런 이미지였다. 우리집에서 완두콩밥을 짓는 날이면 평상시보다 다들 밥을 많이 먹어 넉넉히 짓지 않으면 모자라곤 했던 것을 지금도 기억하고 있다.

그러나 지금은 사정이 좀 달라졌다. 1982년 5월 중순쯤에 아는 사람이 완두콩을 보내와 아내에게 다시 한 번 완두콩밥을 지어달라고 했다. 이번에는 막내뿐만 아니라 고등학생이던 둘째까지 아예 거들떠보지도 않았다. 아버지의 향수를 위해 식사 메뉴가 정해지는 것이 싫었나 보다. 큰애만 나와 같이 먹어주었지만 카레라이스를 먹는 양에 비하면 턱없이 적게 먹었다. 제딴에는 참고 있었던 모양이다.

우리집의 가정교육이 문제일지도 모른다. 아비가 식품학을 가르

치고 음식에 관한 글을 쓰기도 하니까 아이들이 이론적인 식사이론을 외면한 것인지도 모르겠다.

이런 이들에게 '약식동원'의 사상을 알리는 일은 쉬운 일이 아닌 것 같다. 요즘은 먹을 것이 남아도는 세상이니 우리집 아이들뿐만 아니라 많은 사람들이 음식에 담겨 전승된 선조들의 지혜와 노력을 깨닫지도 못할 뿐더러 또 자기가 만들어보겠다는 의욕도 점점 상실해가는 것이 아닐까?

비빔밥

일본의 한국식당 차림표에도 비빔밥이 들어 있다. 우리말을 소리 나는 대로 일본어로 적어놓았는데, 대개 일본어로 발음하기 어려운 ㅂ받침을 탈락시키고 '비빔바'(ピビンバ)라고 써 놓은 집이 대부분이고, 또는 '고목쿠메시'(五目飯. 주로 홍당무, 우엉, 곤약, 유부 등 각종 야채를 넣어 지은 밥—옮긴이)나 '조선식 고목쿠메시'라고 써 놓은 집도 있다.

비빔밥은 말 그대로 '섞어 비빈 밥'이라는 뜻이다. 한자로는 '골동반'(骨董飯)이라고 쓴다. 일본에도 이와 비슷한 '섞은 밥'이 있는데 '다키코미 고한'(炊き込みご飯)이라고 한다. 비빔밥은 따로

각종 반찬을 만들어 밥 위에 얹어 비벼 먹는 데 비해, '다키코미 고한'은 밥을 지을 때부터 야채를 넣고 짓는 것이 좀 다르다.

사철 내내 식탁에 오를 정도로 우리나라 사람들의 사랑을 받는 비빔밥은 조선시대 궁중요리의 대표적인 밥 종류에 속한다. 비빔밥이 궁중요리의 반열에 오르게 된 유래에는 두 가지 설이 있다.

하나는 다음과 같다. 조선시대 어느 왕 때였는지 확실하지 않은데, 어느 날 궁중에서 식사가 얼추 끝나 준비된 요리가 다 없어져갈 무렵, 예정에 없던 손님이 찾아왔다. 아직 식사시간대여서 손님상을 차려내야 했으므로 식사 담당자들은 몹시 난감했다. 새로 요리를 만들자니 시간이 부족했던 것이다. 급히 남은 음식을 조사해 보니 반찬이 전부 한 접시도 채 안 되게 남아 있었다. 궁리 끝에 큰 대접에 밥을 푸고 그 위에 접시에 담기에는 좀 모자라는 갖은 반찬을 색색이 가지런히 얹었다. 그리고 손님상을 차려서 "이것은 비빔밥이라는 일품요리이옵니다. 잘 비벼서 드시옵소서" 하며 공손히 상을 올렸다고 한다. 이때의 난관 돌파 작전 이후에 비빔밥이 궁중요리의 정식 메뉴에 들어가게 됐다는 것이다.

또 하나는 골동반의 명칭 그 자체에서 유래한다. '골동'(骨董)은 결코 잡동사니를 뜻하는 말이 아니다. 산해진미가 다 들어간 귀중한 밥 종류를 뜻한다. 여기에도 "모든 음식은 약"이라는 사상이 들어 있다고 볼 수 있겠다. 골동 자가 붙으면 대개 케케묵은 이미지를 연상하겠지만, 이 경우는 손에 넣기 어려운 귀한 재료를 써서 만든 비빔밥이라는 정도의 의미가 되겠다.

그리고 여기에는 사람의 몸은 자연에서 받은 은혜라는 사고방식이 들어 있다. 자연에서 생겨난 사람의 몸이니 널리 자연에 존재하는 것을 잘 조합해서 섭취하는 것이 자연스럽고, 또 그것이 건강에도 좋다는 생각이 저변에 깔려 있다.

그러면 이렇게 해서 수많은 궁중요리 중의 하나로 오르게 된 비빔밥의 재료를 보자. 흰밥에 콩나물, 고비, 무나물, 표고버섯, 다진 소고기, 북어포무침 또는 마른 생선을 잘게 찢어서 넣기도 한다. 아무튼 산해진미의 대표적 음식이 골고루 들어 있다. 여기에 참기름을 듬뿍 치고 고추장으로 간을 맞춘다.

우리집에서도 반찬이 어중간하게 남으면 곧잘 이 요리(찬밥 처치 요리라고 불러야 할지……)가 상에 오른다. 밥을 비비는 데 필수조건은 큼직한 대접이나 양푼, 또는 냄비에 숟가락이 있어야 한다. 잘 비벼서 숟가락으로 푹 퍼먹어야 비빔밥의 참맛을 알 수 있다. 젓가락으로는 비빔밥을 비벼 먹을 수 없다. 같은 골동반이라도 일본의 섞은 밥(다키코미 고한)은 젓가락으로 먹는 요리이고, 비빔밥은 숟가락으로 먹는 요리인 것이다.

옛날에는 골동반인 비빔밥을 섣달 그믐날 저녁에 먹는 풍습이 있었다. 그해의 음식은 그해 안에 다 먹어치워야 한다는 의미에서 12

월 31일 저녁에 남은 반찬을 전부 넣고 비빔밥을 만들어 온 가족이 둘러앉아 나눠 먹었다. 오늘날의 설날에는 그다지 찾아볼 수 없게 됐지만, 섣달 그믐날 저녁에 남은 밥을 다 처치하고 정월 초하룻날에는 밥을 짓지 않고 떡국만 끓여 먹었다.

국수 먹는 배는 따로 있다

국수 종류가 다양한 것도 한국요리의 특징이다. 온면과 냉면은 말할 나위도 없고 쟁반국수에 메밀·밀가루·감잣가루·옥수숫가루로 만든 국수 등등 그 가짓수가 많다. 가루가 손에 들어오면 아주 간단하게 국수로 둔갑한다.

우리나라는 국수 종류뿐만 아니라 분식이 발달했는데 그 이유로 역시 자연조건을 들 수 있다. 한반도는 아시아의 고온다습한 몬순지대, 즉 도작지대에 위치하고 있지만 일본에 비해 아침저녁의 기온 차가 훨씬 심한 대륙성기후이다. 특히 대륙에 가까운 북부지방은 벼농사에는 적합하지 않다. 최근에는 품종개량으로 벼농사의 재배면적이 늘어났지만 원래 이 지역은 조나 수수 따위의 잡곡을 주로 심었으며, 해방 후에는 옥수수를 중점적으로 재배해 왔다. 남한보다 북한에서 분식을 더 선호하는 경향이 있는 것은 이런 이유 때문이다.

　잡곡을 먹기 좋게 하는 방법은 가루로 만드는 것이다. 가루로 만들어 보존해두면 언제든지 손쉽게 조리할 수 있고 가공하기도 수월하다. 국수를 만들건 만두를 빚건 마음대로 요리할 수 있다.

　예전의 식사 횟수를 보면 중노동에 쫓기는 군인과 농민은 반드시 그렇지 않았지만 대개 하루 두 끼를 먹었고, 그런 시대가 오래 지속됐던 듯하다. 일본에서는 나라시대 이후 하루 두 끼 식사가 계속되다가 에도(江戶. 1600~1867)시대 중기 이후에야 오늘날처럼 점심을 정식으로 먹는 하루 세끼 시대가 정착됐다고 한다.

　이 두 끼 시대에 중국과 우리나라에서는 식사와 식사 사이에 일반적으로 분식을 중참으로 먹었다. 점심이란 말은 중국요리의 '티엔싱'(點心)과 똑같은 표현이다. 중국말에서 따왔음이 틀림없다.

　원래 아침과 저녁에 두 끼만 먹던 식생활을 보충하기 위해 정오쯤에 가볍게 먹던 중참이 점심으로 정착하게 된 것이다. 점심은 국수나 만두, 떡 따위의 분식이 중심이었다. 일종의 간식과 같은 것이어서 분식은 정식 식사로 인정을 받지 못했다. 이런 연유에서 "국수 먹는 배는 따로 있다"는 표현이 생겨난 것으로 보인다. 즉, 정식 식사(이 경우 밥을 가리킨다)를 한 뒤에도 국수라면 더 먹을 수 있다는 말이다.

　나는 북한을 네 번 정도 방문했다. 네 번 다 초대를 받아갔기 때문에 각종 연회에 참석할 기회가 여러 번 있었는데, 정식 식사를 마친 뒤에 국수를 먹지 않겠느냐는 권유를 자주 받았다. 라면이나 우동, 메밀국수로 한 끼를 때우는 일본의 식습관에 익숙해져 있는데다 과식하면 건강에도 좋지 않은 나이였기에 국수를 사양하느라 어지간히 고생했다. 그래도 국수 맛이 기가 막히게 좋아 잊혀지지 않는 식당이 몇 군데 있다.

평양의 대동강변에 위치한 '옥류관'의 냉면 맛은 각별했다. 평양냉면은 남한에도 널리 알려진 국수요리이다. 일본의 한국식당에서 냉면이 주메뉴로 인기를 끌고 있는 것도 평양냉면의 명성에 힘입은 바가 크다고 하겠다.

그런데 옥류관의 평양냉면보다 더 인상에 남는 요리가 바로 쟁반국수였다. 그때 들은 요리법을 소개한다.

① 메밀가루와 감자 녹말가루로 면을 뽑는다.

② 소고기, 돼지고지, 닭고기를 연하게 푹 삶는다. 고기는 길이 5센티미터, 폭 1.5센티미터로 얇게 저며 놓는다. 닭고기도 결을 따라 찢어 놓는다. 이 고기를 고기 삶은 국물과 조미료, 향신료 등을 넣고 밑간을 해 30분쯤 놔둔다.

③ 금속제 쟁반에 국수를 15센티미터 정도로 잘라 가지런히 놓는다.

④ 참기름과 깨소금, 다진 파와 마늘, 고춧가루, 간장을 섞어 양

양념장을 만들어 국수를 잘 비빈다.

⑤ 접시를 바꾸어 편편하게 국수를 밑에 깐다.

⑥ 오이는 두께 3밀리미터, 폭 1.3센티미터, 길이 4센티미터 정도로 잘라 식초, 소금, 설탕, 깨소금, 다진 파, 마늘을 넣고 무친다.

⑦ 국수 위에 밑간을 한 고기와 오이를 방사선 모양으로 얹는다. 그 사이사이에 계란지단, 실고추, 잣을 적당히 장식한다.

쟁반국수는 차게 해서 먹는데 국물이 없는 것이 특징이다. 모란봉공원의 '모란각'에서 먹은 쟁반국수는 다시 한 번 먹고 싶은 요리 중의 하나이다.

그때 내가 먹은 것은 한 사람 앞에 한 접시씩 나온 쟁반국수였는데, 원래는 큰 쟁반에 수북히 담아 몇 사람이 쟁반을 둘러싸고 다투듯 먹는 데서 쟁반(錚盤)국수라는 이름이 붙었다고 그럴듯하게 설명을 해주는 이도 있었지만, 진위를 따져볼 길이 없다.

쟁반국수는 누구에게나 호평인 것 같다. 일본의 중국집에서 파는 '히야시 츄카'(冷し中華)와 같은 스타일인데 맛은 전혀 다르다.

또 국수 이야기

또 하나, 혜산에서 먹어본 국수 맛이 잊혀지지 않는다.

혜산시는 압록강을 끼고 중국과 국경을 마주한 변경 지방이다. 평양에서 쌍발 프로펠라비행기로 채 한 시간도 안 돼서 도착했다. 1978년 5월의 일이다. 민족의 영산 백두산과 그 일대를 돌아보는 길에 혜산의 한 호텔에 묵게 됐다.

혜산은 꽤 고산지대로 논보다 밭이 많고 감자가 주된 작물이며 홉이 유명하다. 여기서 감자녹말로 만든 냉면과 떡 그리고 알코올 도수가 60도로 유명한 감자술 '양강주'(兩江酒)를 맛보았다.

점심 때 곱빼기 냉면이 나왔다. 밥은 나오지 않고 냉면만으로 배를 채우라는 의미인지 일본에서 본 적이 없을 정도로 수북히 담겨 있었다. 아마 이렇게 담아내는 것이 최근에 이쪽의 국수요리인 듯 했다. 메뉴는 냉면 100그램과 200그램 중에서 선택하게 돼 있었다. 나는 재료가 200그램이면 양이 많아 다 먹을 수 없을 것 같아 100그램을 주문했다.

독한 술을 먼저 한 잔 마셨다. 60도의 독한 술을 그대로 목에 털어 넣었다. 목에서 불이 난 것처럼 얼얼했다. 뒷맛이 나쁘지는 않았지만 워낙 냄새가 특이해 뭐라 표현할 길이 없었다. 향료를 사용한 듯했다. 바로 찬물로 목을 식혔지만 금세 취기가 돌았다.

그리고 나서 국수를 먹기 시작했다. 면발이 쫄깃쫄깃한 것이 특이한 탄력이었다. 국수의 굵기는 일본의 소면 정도 아니면 그보다 좀 굵었는데 이빨로는 잘 끊어지지 않았다. 쇠젓가락으로 잡고 끊어보려고 했으나 좀처럼 끊어지지 않았다. 국수를 후루룩 한 입 가득 넣어도 국수가 끝없이 이어져 그만 자리에서 일어서고 말았다. 같은 식탁에 앉은 사람 중에서도 면발이 길게 이어지자 어쩔 줄 몰라 일어선 사람이 있었다.

일어선 채로 입이 터지게 국수를 가득 넣고 오물오물 씹어 겨우 한 젓가락을 넘겼다. 그러자 일제히 여기저기서 웃음소리가 터져 나왔다. 요리를 날라 온 안내원도 키득키득 웃으면서 이 풍경을 지켜보고 있었다. 두세 번 자리에서 일어났다 앉았다 하며 겨우 100그램의 국수를 다 먹었다. 국수 맛과 씹는 맛이 뭐라고 할 수 없을 정도로 별미였다.

국수 위에 얹은 돼지고기와 닭고기는 또 얼마나 맛있었던가? 고춧가루를 넣지 않고 겨자와 후추로만 매운 맛을 냈는데 그 맛이 오묘하게 조화를 이루었다. 국물도 맛있어 남김없이 훌훌 다 마셨다. 결국 나는 추가로 100그램을 주문해 더 먹었다. 북한에 머무는 동안 면 종류를 많이 먹어봤지만 추가로 주문해 먹은 것은 혜산의 감자국수뿐이었다.

게다가 혜산에서는 감자떡도 맛보았다. 감자떡은 시커먼 색이었는데 쫄깃쫄깃한 맛이 국수와 같았다. 국수의 색은 그다지 시커멓지 않았기에 그 차이를 물었더니 감자떡은 전분(포테이토 스타치)을 겨울에 한 번 얼렸다가 만들어서 그렇다고 한다. 영하에서 처리

하면 전분의 색깔이 검게 되는 모양이다. 식품 성분은 별로 변함이 없다.

독한 술에다 맛있는 국수를 배불리 먹고 기분 좋게 호텔에 돌아와 3시간쯤 낮잠을 푹 잤다. 낮잠에서 깨어나보니 이상할 만큼 취기가 깨끗이 가셔 있었다.

혜산 지방의 5월은 화창했다. 압록강을 끼고 양편으로 펼쳐진 산에는 마침 연보라색 진달래가 흐드러지게 피어 있었다. 그때의 연보라색 진달래가 감자국수의 맛과 더불어 지금도 나의 감각에 아로새겨져 있다.

냉면요리에 나타나는 식탁의 지혜는 각 지방과 가정에 따라 조금씩 다르다. 일본에서는 무더운 여름철에만 냉면을 먹는데 얼음을 동동 띄운 시원한 국물과 쫄깃쫄깃한 면발이 각별한 맛이다.

냉면은 원래 이북 지방의 겨울철 별미음식이었다. 이북 지방의 겨울은 몹시 춥다. 추위를 견뎌내기 위해 생활의 지혜로서 온돌이 생겨난 것이다. 바깥에 아무리 심한 추위가 몰려와도 온돌방 안에 들어앉아 있으면 더워서 땀이 날 지경이다. 그러나 집밖으로 한 발자국만 내딛어도 살을 에듯이 매서운 바람이 쌩쌩 불어 밖으로 나갈 수도 없다. 그러니 하다못해 방안에서라도 찬 음식을 맛보자는 것이 바로 냉면요리이다.

따라서 냉면은 가장 추위가 심한 12월(음력 11월)의 '시식'(時

食)으로 유명하다. 시식이란 사철의 변화가 분명한 우리나라의 식
풍속으로서 사시사철 제철에 나는 재료로 계절요리를 만들어 상에
올리는 음식을 말한다. 서민은 이 시식을 맛봄으로써 일상생활의
안녕을 확인한다는 의미도 있었다.

옛날에 겨울철을 평온하고 즐겁게 지내기 위해 고안된 냉면이 문
명사회인 20세기에 이르러는 여름을 쾌적하게 나기 위한 식탁의
지혜로 변모했다.

겨울음식이 여름음식으로 변한 요리 중에는 육회도 있는데 육회
에 얽힌 이야기는 고기요리 편에서 얘기해 보자.

남촌은 술, 북촌은 떡

옛말에 '남주북병'(南酒北餠)이라는 말이 있다. 남촌은 술이 맛
있고 북촌은 떡이 맛있다는 의미이다. 이 말은 서울의 남산자락을
끼고 형성된 남촌과 북촌에서 각각 무엇을 잘 만들었느냐를 두고
나온 말이다.

음식 이야기에서 좀 벗어나지만 남과 북에서 어느 쪽의 무엇이
좋으냐는 표현 가운데 '남남북녀'(南男北女)라는 말도 있다. 남자
는 남녘의 남자가 늠름하고 여자는 북녘의 여자가 예쁘다는 말인

데, 이 경우는 북은 이북을, 남은 이남을 의미한다. 우리말로 남녀 남(南) 자와 남성 남(男) 자의 한자 발음이 같고 울림도 좋아서 잘 알려진 말이다. 나도 본적이 경상남도이고 남자라서 그런지 이 '남남'(南男)이라는 말을 들으면 몹시 기분이 좋다. 일본어의 "도쿄의 남자에 교토의 여자"라는 말과 같은 표현이다.

그렇다면 '남주북병'이라는 말은 어떻게 해서 생겨난 것일까?

옛날에, 옛날이라고 해도 조선시대 이야기인데 남산자락에 관리들이 모여 살았다. 물론 그 중에는 양반도 살고 있었다. 관리는 유학공부를 상당히 한 사람들이니 지금으로 말하면 인텔리 엘리트이다. 관리라고 해도 시대의 흐름에 따라 늘 윤택한 생활이 보장됐던 것은 아니었다. 각자 입신출세의 길을 달려가다 보니 언제부터인지 북촌 사람들과 남촌 사람들 사이에 생활수준의 격차가 벌어지기 시작했다.

북촌은 어느 쪽이냐 하면 출세한 사람들이 모여 사는 거주지역이어서 어찌된 영문인지 남촌보다 생활이 유복했다. 살림이 넉넉해지면 음식이 사치스러워지고 도락을 즐기며 손이 많이 가는 온갖 오밀조밀한 떡 종류도 잘 만들게 된다. 그래서 북촌의 떡은 맛있다, 또는 북촌 사람들은 떡을 잘 만든다는 말이 나왔다.

그러면 술을 잘 빚는 것이 경제적 형편이 넉넉하지 않은 생활과 무슨 관계가 있는 것일까? 남촌에는 녹봉이 적은 관리들이 많이 살았다. 똑같이 힘든 과거를 쳐서 관리가 됐는데 무슨 까닭인지 출세가 늦어진 사람이 많았다. 그래서 분을 달래려고 술을 담그는 데 정성을 쏟았고 그 결과 맛있는 술을 잘 빚게 됐다는 것이다.

혹은 출세가 생각처럼 잘 되지 않던 관리의 집에서는 남편의 기분을 맞추려고 아낙들이 술을 빚는 데 지혜를 모았을지도 모르는 일이다. 세상의 남성들이 특히 관리들이 떡을 즐겨 먹었다고는 생각되지 않는다. 아낙들이 지혜를 짜내 쌀가루를 빻고 갖은 재료를 동원해 호화스런 떡을 빚어 주위의 부인들을 불러 같이 먹으며 담소를 즐겼을지도 모르겠다.

우리나라는 떡의 종류가 참으로 다양하다. 찹쌀과 함께 멥쌀도 재료로 쓴다. 쌀가루로 빻지 않고 그대로 쪄서 만든 떡, 쌀가루를 시루에 앉혀 찐 시루떡, 떡가루를 잘 반죽해 쪄서 다시 모양을 빚어 만든 떡, 콩가루나 깨설탕 등의 소를 넣은 떡, 고명을 묻힌 떡, 갖은 문양을 넣어 만든 떡 등등, 다 셀 수 없을 만큼 종류가 많다. 관혼상제 때 장만하는 떡의 가짓수와 호화스러움은 일본의 떡에 비할 바가 아니다. 온갖 모양과 빛깔을 맞춰 접시에 담아놓으면 화려하고도 소담스러워서 눈길을 끈다.

떡을 먹는 방법도 김에 돌돌 말아먹기도 하고, 참기름을 바르거나 꿀을 찍어 먹기도 한다. 예전에는 손님이 왔을 때 후식으로 떡을 내면 귀한 손님으로 대접하는 것이었다. 물론 술상도 차리면 그에 못잖은 후한 대접이었다. 술 담그기가 떡 빚기보다 아무리 간단하다고 하나 탁주를 제외한 술은 꽤 손이 가고 시간도 많이 걸린다.

그런데 '남주북병'이란 말이 나오게 된 것은 분을 달래고자 하던 것이 술을 잘 빚는 생활의 지혜로 연결됐고, 기쁘고 즐거운 생활 속에서 나온 지혜와 허세를 자랑하려는 세태가 각종 떡을 잘 만들게 하는 결과를 가져왔다는 말이 된다. 서울의 남산 마을에서 이런 풍습이 자취를 감춘 지는 오래이지만, 지금도 '남주북병'이란 말은 여전히 살아 있다.

미역국

밥상에는 대개 국이 따라 나오는데 그중에 미역국은 가정요리의 대표적인 국이다.

친한 친구끼리는 "너 같은 녀석도 태어났을 때 어머니가 미역국을 드셨겠지"라든지 "이 녀석이 아무래도 사람 노릇을 못하는 걸 보니 어머니가 분명히 미역국을 드시지 않은 모양이야" 하는 농담을 건네기도 한다. 우리나라에는 아이를 훌륭히 키우기 위해 산모가 산후에 반드시 미역국을 먹는 습관이 있다. 오래 전부터 우리나라 전역에 걸쳐 뿌리내려 있는 풍습이다.

산모가 아이를 낳고 나서 맨 먼저 먹어야 하는 음식이 미역국이라고 88세에 돌아가신 어머니가 생전에 자주 말씀하시곤 했다. 나는 1933년 8월에 다섯째로 태어났다. 남자형제로는 네 번째였다. 어머니는 더운 여름날 저녁 무렵에 모기장 안에서 산기를 느껴 산파도 없이 혼자 나를 낳으셨다고 한다. 간신히 탯줄을 자르고 절대 안정을 취해야 할 몸을 일으켜 기다시피 해서 부엌에 나가서 처음으로 한 일은 화덕에 냄비를 얹고 미역국을 끓이는 일이었다고 한다. 그때 어머니의 나이가 서른다섯 살, 교토의 우지(宇治)에 살던 때였다. 나를 낳고 제대로 산후조리를 못해 늘그막에도 고생한다며 자주 푸념을 하셨는데, 그 정도로 산모들이 산후에 미역국을 먹는 일은 신앙에 가까운 습관이었다.

그렇지만 이는 결코 미신이 아니며, 비과학적이거나 단순한 습관도 아니다. 현대의 영양학적 관점에서 봐도 정말 놀라운 지혜이자 훌륭한 식습관이다.

모유에는 아이가 성장하는 데 꼭 필요한 모든 영양성분이 포함돼 있어야 한다. 특히 뼈를 만드는 칼슘과 인 같은 성분을 산모가 충분히 섭취해야 하는데 미역국에는 무기질인 칼슘과 인, 나트륨 등이 많이 들어 있다. 특히 미역에는 칼슘이 자연식품 중에 가장 많이 함유되어 있다. 산모는 이런 영양소가 골고루 갖춰진 미역국을 거의 식사 때마다 먹는다. 국을 남기기라도 하면 시어머님께 잔소리를 들을 각오를 해야 한다. 이런 식습관으로 미루어 모유에는 아이를 튼튼하게 기르는 충분한 조건이 들어 있음을 알 수 있다.

미역국뿐만 아니라 국은 대체로 양이 많다. 큰 대접에 가득 담긴 국을 숟가락으로 떠먹는다. 미역국에는 건더기가 듬뿍 들어 있어서 국을 마신다기보다 먹는다는 말이 딱 들어맞는다. 그것도 한 그릇을 다 비우고 더 먹는 일이 흔하다. 이런 식생활은 아이를 튼튼하게 자라도록 할 뿐 아니라 산후조리에도 좋기 때문에 예전에 임산부가 있는 집에서는 산달 전에 미역을 미리 사두었다. 특히 바닷가에서 멀리 떨어진 산골마을에서는 대량으로 구입해 두곤 했다.

미역국은 산후뿐만 아니라 생일날에도 반드시 먹는다. 성장의 한 고비에 해당하는 생일날에 먹는 음식이라는 점에서도 생활 속에 파고든 미역국의 위치를 알 수 있다. 지금도 재일동포 가정에서는 미역국을 끓여 먹는 모습을 볼 수 있으나 예전에 비해 미역건더기가 아주 적어진 듯하다. 일본의 한국식당에서 파는 미역국은 미역이 둥둥 떠 있는 것 같아 뭔가 성에 차지 않는 느낌이 든다.

11세기 고려시대의 왕조기록인 『세종실록』에 따르면 왕가에서 아들이 태어나면 소금을 졸이는 가마솥(鹽盆)과 물고기를 잡는 어량(魚梁), 그리고 해조류를 딸 수 있는 해안의 일정지역 —— 이 세 가지를 재산으로 왕자에게 나눠줬다는 기록이 있다. 이 해안지역을 곽전(藿田)이라고 했다. 곽전에서는 주로 미역과 김을 채취했던 것 같다. 이 사료에서도 미역이 우리 식생활에 얼마나 중요한 위치를 차지하고 있었는지 알 수 있다.

1980년 가을에 소련의 실크로드인 중앙아시아의 타슈켄트, 프라하, 사마르칸드를 여행했다. 이들 지역에 소련 국적의 고려인이 약 20만 명 정도 거주하고 있다. 여러 곳의 바자르(이동시장)를 돌아다녔는데, 거기에는 우리의 밥상에 오르는 것이라면 없는 것이 없었다. 김치와 고추, 나물, 국수 종류, 떡, 그리고 미역과 다시마까지 진열돼 있었다.

바다에서 멀리 떨어진, 비행기로 열몇 시간을 날아가야 하는 중앙아시아 한복판에서 미역과 다시마를 발견했을 때, 식문화의 위대한 힘을 본 것만 같았다. 미역과 다시마를 사먹는 사람은 고려인뿐이라고 했다. 어디서 가지고 오냐고 물었더니 '사할린'이라는 대답이 돌아왔다.

소고기와 육개장

일본의 한국식당 차림표에도 육개장(ユッケジャン)이 들어 있다. 가게에 따라 '소고기 수프'라고 쓰여 있는 집도 있다. 말 그대로 소고기 국을 가리키지만 맵고 기름기가 많은 것이 이 국의 특징이다.

육개장은 먼저 양지머리 등 기름기가 있는 소고기 부위와 사골을 센 불에 푹 삶아 손으로 잘게 찢어 놓는다. 기름을 여러 번 걷어낸 뒤 국물에 고춧가루와 후추, 마늘, 생강, 참기름, 국간장 등으로 간을 하고, 듬성듬성 썬 대파와 미리 준비해 둔 고기를 넣고 계란을 풀어서 만든다. 참기름과 소고기기름이 고춧가루 등의 향신료와 엉켜 빨간색을 띠고 있어 과연 스태미나 음식이라는 생각이 든다. 더위를 먹기 쉬운 한여름이나 강추위를 이겨내야 하는 겨울날에 또는 피곤할 때 먹으면 기력을 회복시켜주는 메뉴이다.

조선시대 궁중요리에도 포함돼 있고, 전국적으로 잘 알려진 요리이다. 그 중에서도 경상도 대구 지방의 육개장은 향토요리로 정착돼 있다. 그 때문에 맵고 기름기가 많은 육개장을 이 지방의 이름을 따서 '대구탕'(大邱湯)이라고 한다.

신라의 수도였던 경주에서 조금 내륙으로 들어간 대구는 현재 경상북도의 도청 소재지이다. 조선시대부터 유학자나 유명한 사람들을 많이 배출한 곳이다. 언제부터 육개장이 대구의 명물이 됐는지는 잘 모르겠다.

육개장의 육은 물론 고기 육(肉) 자이지만 개장은 원래 개고깃국을 가리켰다. 한자로 '구장'(狗醬)이라고 취음해 표기한 것을 보면 그 역사가 꽤 오래된 것 같다.

그렇지만 개고기요리는 금기가 많아 어느 가정에서 누구나 다 먹을 수 있던 음식이 아니었다. 거의 한반도 전역에 이 요리가 있었지만 여자에게는 금지됐으며, 아이들과 노인도 환자를 제외하고는 먹지 못하게 했다. 주로 장년 남자들이 삼복더위를 이기고 정력을 보충하는 데 먹었으니 장년 남자들만을 대상으로 한 요리였다.

육개장은 궁중요리에도 들어 있다. 왕실에서 맵고 기름기가 많은 스태미나 음식인 개장을 먹을 수 없었기에 개고기 대신에 소고기를 넣은 육개장을 고안한 것이다. 궁중요리사의 지혜라고 하겠다.

개장은 일단 고기를 삶아 잘게 찢어 양념으로 밑간을 해서 다시 냄비에 넣고 뭉근히 고아 만드는데, 육개장도 이 요리법을 따르고 있다. 어쨌든 지금은 개고깃국은 개장, 소고깃국은 육개장으로 구별해 부른다.

그런데 육개장을 경상도에서는 '대구탕'이라고도 한다는 것을 아는 사람은 그리 많지 않다. 특히 일본에 사는 재일동포들은 혼동하기 십상이다. 그것은 대구의 지명과 발음이 같은 '대구'라는 생선이 있기 때문이다.

대구는 한자로 '대구'(大口)라고 쓴다. 대구과에 속하고 명태보다 크기가 큰 소위 참대구라는 것인데, 한자 표기대로 커다란 입과 날카로운 이빨을 가진 대형 생선이다. 겨울철에 동해에서 많이 잡히는 생선이어서 한반도의 동부에 위치한 대구 지방에도 이 생선 요리가 있다. 대구로 끓인 국을 '대구탕'(大口湯)이라고 하는데 한자로 쓰면 구별이 되지만 한글로 써 있든지 발음만 들으면 전혀 구별을 할 수 없다.

이런 사정을 알 리 없는 일본에서 한국식당 주인이나 주방장에게 육개장의 별칭인 '대구탕'(大邱湯)을 주문하면 영락없이 생선 '대구탕'(大口湯)이 나온다.

1977년인가 78년인가 한창 더운 여름날, 나는 손님과 함께 도쿄에 있는 작은 한국식당에 들어간 적이 있다. "대구탕 됩니까?" 하고 가게 주인에게 물으니 붙임성이 있게 생긴 주인이 주방에 뭐라고 확인하고 나서 자신에 찬 목소리로 된다는 것이었다. 한참 지나서 나온 탕에는 생선인 대구토막이 들어 있었다. 어이가 없어 우리들은 얼굴만 마주보다 금세 어디서 어떻게 잘못됐는지 눈치챘다.

탕을 한 숟갈 떠먹고 나서 더 놀랐다. 소금에 절인 대구였던 것이다. 대구탕은 생대구를 사용하며 특히 내장이나 대가리도 다 함께 넣고 끓인다. 대구는 찬 바다에서 잡히는 생선임에도 지방분이 0.4퍼센트 정도로 극히 적은 것이 특징이다. 지방분이 8퍼센트인 꽁치와 비교하면 20분의 1에 지나지 않는다. 무와 파를 송송 썰어 넣고 소금과 국간장으로 간을 맞춰 끓이면 맛이 담백해서 속이 씻겨 내려가듯 시원한 맛이 난다. 기름기를 꺼리는 중년층에게 해장국으로도 인기가 있다.

최근 일본에서는 생대구를 입수하기 어려워서 생선 '대구탕'을 좀처럼 맛볼 수 없게 됐다. 그런 사정을 알고 있기에 소고기 '대구탕'을 주문한 것이었는데, 주인장도 주방장도 대구탕이 육개장의 별칭임을 까맣게 몰랐던 것이 틀림없다. 우리들은 생선토막에는 손도 대지 않고 말없이 짠 대구탕 국물만 홀쩍홀쩍 떠먹었다.

개고기요리와 보신탕

개고기 이야기가 나온 김에 좀더 이 요리에 대해 이야기해 보자. 나도 개고기를 먹는다. 요리법은 많지만 대개 수육과 탕으로 먹는다. 수육은 푹 삶은 연한 고기와 내장 특히 간은 향신료를 듬뿍 넣은 양념장에 찍어 먹고, 탕은 삶은 고기를 양념해 다시 푹 끓여 먹는다. 탕에는 고비와 고사리, 토란줄기 등의 야채를 넣기도 한다. 개고기에 정통한 이들은 껍질을 최고로 친다고 한다.

나는 고등학교 3학년 때, 결핵 초기인 폐침윤의 진단을 받고 격한 운동을 삼간 채 오직 영양가가 높은 음식을 먹으며 요양생활과 같은 나날을 보낸 적이 있다. 1952년경이었는데 먹을거리가 충분하지 못해 영양이 있는 음식을 맘껏 먹을 수 있는 상황이 아니었다. 그즈음 우리 집은 동포들이 밀집한 동네에 살고 있었다. 아버지가 동네 어른들이 개를 잡아먹는다는 소리를 듣고 아들에게 결핵 약으로 먹인다며 얻어왔는데, 처음부터 개고기인 것을 알아버렸으니 도저히 목으로 넘어갈 리가 없었다. 약이니 몸을 생각해 제발 먹으라는 어머니의 간청에 못 이겨 한두 조각 입에 넣어보았으나 결국 뱉어버리고 말았다. 맛은 잘 기억이 나지 않지만 그때의 그 냄새가 코에서 떠나지 않았다. 꼭 닭고기를 삶을 때와 같은 냄새였다. 그 뒤 꽤 오랫동안 닭고기 냄새만 맡으면 역겨워 닭고기도 먹지 못하던 일이 생생하다.

그로부터 13년쯤 지나 니이가타(新潟)에서 개고기를 먹었다. 재일동포들의 '조국귀환'(1959년 12월 제1차 귀환을 시작으로 1984년까지 약 9만 3천 명이 소위 북송선을 탔다. 일본에서는 '조국귀환운동'이라고 한다. 1955년 조선민주주의인민공화국의 김일성 주석이 재일조선인들 중에 귀국을 희망하는 사람을 받아들이겠다는 성명을 발표하자 재일본조선인연합회(조총련)가 중심이 되어 귀국운동을 추진했다 ― 옮긴이)이 실현된 뒤 5년쯤 지난 1964년쯤으로 기억한다. 친구가 귀국한다기에 전송하러 나갔다가 그 배에 올라가 아침을 얻어먹었다.

독한 인삼주로 건배하고 한 잔 쭉 들이킨 다음에 먹은 국이 너무 맛있어 지금도 잊혀지지 않는다. 다 먹고 나서 그것이 개장, 즉 개고깃국이라는 말을 듣고 깜짝 놀랐으나 이미 뱃속에 들어간 뒤였다. 그렇지만 그 국은 아주 맛있었고, 식사를 대접한 쪽도 '특이한 음식'을 낸 기색이 전혀 없었다. 어디에 내놔도 손색없는 요리로 여기고 있는 듯했다. 내가 먹어서는 안 될 것을 먹었다는 표정을 짓고 있으니 다들 이상하다는 듯이 쳐다보았다.

그 일이 있은 뒤부터 나는 제 발로 개고깃집을 찾아다녔다. 니이가타에서 돌아오는 길에 아사쿠사(淺草)에 있는 개고깃집에 들렀다. 이제 거리낌이 없었다. 음식에 대한 사고방식이 문제라는 생각이 들었다. 우리들이 먹고 있는 음식은 모두 생물이며, 동물과 식물의 생명체를 섭취함으로써 인간도 비로소 생명체를 유지할 수 있다는 점, 반대로 생명체는 모든 인간의 음식이 될 수 있다는 점, 특히 동물은 다 비슷하다는 사고방식을 식생활 속에서 잊어서는 안 된다고 새삼스레 느꼈다.

17세기에 나온 『음식디미방』(飮食知味方)이란 책에 개고기의 요리법이 상세히 나와 있다. 지금은 개장국을 우아하게 표현해서 보신탕이라고 한다. 서울의 뒷골목에 있는 대중식당에 가면 먹을 수 있지만, 일류식당의 차림표에는 올라 있지 않다. 역시 공공연하게 먹는 요리가 아니기 때문일 것이다.

남한에서보다 북한에서 대체적으로 개고기요리를 즐겨 먹는 것 같다. 나는 평양을 네 번 방문했는데 그때마다 호텔에 주문해 개장국을 먹었다.

원래 우리나라에 정착한 개고기요리는 한여름의 '삼복' 더위를 무사히 넘기기 위해 먹는 음식이었다. 일본으로 말하면 한여름의

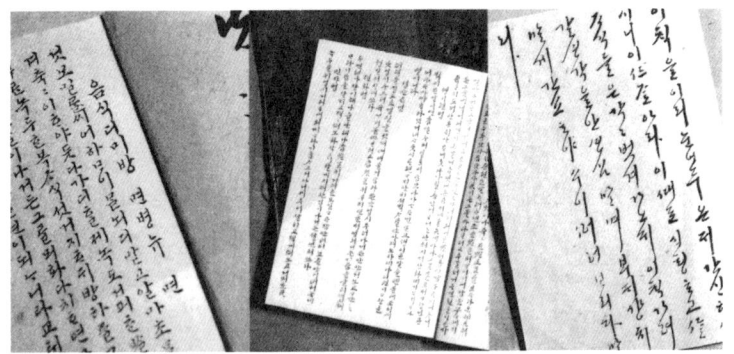

『음식디미방』(飮食知味方)
17세기에 어머니가 딸에게 전수하는 요리법을 적은 책으로 146가지의 음식 만드는 방법과 이 책을 쓰는 이유, 그리고 잘 간수하라는 당부의 글 등이 적혀 있다.

'토요'(土用. 입추 전의 18일간 — 옮긴이) 기간에 장어구이를 먹는 것과 같다. 개기름이 더위에 지친 몸에 좋다고 하며, 결핵약 등으로도 쓰인다.

1975년 여름 서독에 갔을 때, 뮌헨 지방에 개고기요리가 뿌리 깊게 남아 있다는 말을 들었다. 게다가 민간에서는 결핵약으로 널리 정착돼 있다고 한다. 수십 년 전까지는 시의 공설 도살장이 있었다고 한다. 지금은 공적 도살은 하지 않지만 아직도 개고기요리의 명맥이 이어지고 있다는 말을 현지 사람에게서 상세히 들었다.

1982년 3월에 음식연구가 12명이 한 팀이 되어 중국의 상하이와 난징(南京), 쑤저우(蘇州) 지방으로 '맛난음식기행'을 갔다. 상하이에 들렀을 때 개고기를 파는 음식점이 어디 없는가 하고 눈을 씻고 찾아봤지만 눈에 띄지 않았다. 아무래도 상하이 지방에는 일반화되지 않은 모양이었다. 중국에서도 광둥(廣東) 등 화남 지방은 개고기요리가 유명하다.

평양의 개고기요리에는 반드시 소주가 나온다. 그 중에서도 홍주 감홍로(甘紅露)가 개고기요리와 음식궁합이 잘 맞는다고 한다.

도쿄에서도 이 요리를 맛볼 수 있는 가게가 있어 술 좋아하는 친구들을 데리고 가서 사슴고기라고 말하고 두세 번 같이 먹었다. 한여름날 저녁에 우선 맥주나 소주를 한 잔 들이키고 땀을 닦아내면서 마시고 또 먹었다. 그 친구들은 "맛있네, 맛있어"를 연발하며 잘 먹었다. 아직껏 그 고기가 무슨 고기였는지 사실을 밝히지 않고 있는데 언젠가는 말하려고 한다.

잣죽

1983년에 『조선의 죽』이라는 책을 낸 적이 있는데, 최근에는 죽을 만드는 요리책이 꽤 인기가 있다고 한다. 그 배경에는 식생활이 윤택해져 별난 음식들을 만들어 먹고 싶어하는 경향도 있겠지만 역시 고령화사회와 관련이 있는 것 같다. 내 친구들도 최근 들어 노인홈에서 열리는 죽요리강습에 자주 불려간다고 한다. 뭐든지 좋으니 배불리 먹기만 하면 된다는 시대는 이제 끝나고, 윤택한 생활 속에서 건강에 좋은 음식으로서 각종 죽을 만들어 먹는 것이 인기를 끌게 된 것이다.

우리 식탁에 오르는 죽의 종류는 참으로 다양하다. 그 중에서도 잣죽은 최고급 죽으로 유명하다.

잣은 송백(松柏) 또는 백자(柏子)라고도 하며, 잣나무의 씨앗이다. 일본에서는 잣나무를 '조선오엽송'이라고 한다. 잣나무의 솔방울 안에 잣이 들어 있다. 솔방울은 지름이 6~10센티미터, 길이가 9~15센티미터 정도로 계란과 같은 타원형을 하고 있고, 그 안에 지름 1~1.5센티미터, 폭 0.5센티미터, 두께 0.2센티미터 정도의 씨가 평균 100개쯤 들어 있다. 지방질 함유량이 60퍼센트 전후여서 고칼로리 식품에 속한다.

예로부터 잣은 귀중한 약용식품으로 간주됐다. 병을 앓고 난 사람이나 쇠약한 노인들이 먹으면 기력을 북돋아준다고 하며, 소나무의 늘푸른 이미지가 겹쳐 불로장생의 약효가 있다는 설도 있다. 그렇지만 재료를 손에 넣기 어려워 누구나 잣요리를 먹을 수 있는 것은 아니었다. 그러기에 웬만해서는 잣죽을 쑤어 먹을 수 없었다.

조선오엽송은 일본의 신수(信州)나 도호쿠(東北) 지방의 일부 산림에 자생하는데 많지는 않다. 일본에는 이 씨앗을 먹는 풍습이 거의 없는 듯하다. 조선오엽송 나무가 적어 눈에 띄지 않는 점도 있겠지만 음식으로 이용하려는 지혜가 거기까지 미치지 않았던 것 같다.

조선오엽송은 우리나라와 중국, 시베리아 연해지방에 널리 분포하고 있다. 이 작은 씨앗을 먹으려면 굉장한 수고를 들여야 한다. 솔방울 속의 씨가 떫은 맛의 단단한 갈색 껍질에 싸여 있어, 손으로 하나하나 까는 수밖에 없다. 알맹이를 상처 내지 않고 껍질을 벗기는 기계가 고안되면 잣의 생산가격이 낮아져 더 손쉽게 잣죽이나 잣과자를 만들어 먹을 수 있을 것이다. 그래도 최근 일본에서는 그전에 비해 잣을 입수하기가 훨씬 수월해졌다. 수입품이지만 슈퍼마켓이나 요리재료 전문점에 가면 50그램에 200엔 안팎이면 살 수 있다.

불로장생의 명성이 자자한 잣죽 만드는 방법을 보자.

잣 한 컵, 쌀 두 컵, 물 다섯 컵의 비율이다. 물에 푹 불린 쌀과 잣을 섞어 믹서에 갈아도 좋다. 여기에 물을 넣으면서 천천히 끓인다. 묽고 되고는 각자 기호에 맞추면 좋을 것이다. 대체로 죽은 '먹는' 음식이지 훌훌 '마시는' 음식이 아니다. 숟가락으로 떠먹으려면 조금 걸쭉하게 만든다. 일본요리로 말하면 '오지야'(찬밥과 야채 등을 넣고 된 죽처럼 끓인 음식—옮긴이)쯤 될 것이다. 잣죽은 보통 소금으로 간을 맞추지만 약용인 경우에는 꿀이나 설탕 등의 감미료도 잘 맞는다. 술을 마시기 전에 가볍게 먹으면 좋다. 잣의 지방성분이 위점막을 보호하고 알코올의 흡수를 완만하게 해준다고 한다.

내가 단골로 가는 신주쿠(新宿)의 한국식당에서는 풀코스 요리가 나오기 전에 전채로 반드시 묽은 잣죽이 나온다. 고소한 맛의 잣죽을 한두 입 떠먹고 나서 맥주를 마시면 왠지 만취하지 않을 것 같은 기분이 들어 술과 식사가 잘 받는다.

지금 일본에서는 입수하기 쉬운 잣이지만, 정작 산지에서는 먹지도 못하고 싼 인력을 동원해 외화를 벌어들일 목적으로 일본에 수출하는 것이다. 귀중한 약용식품을 일본에서는 잘 사는 덕에 선뜻 사먹을 수 있는 것이다.

오늘날은 생활이 윤택해져 잣의 영양성분을 다른 음식으로도 충분히 섭취할 수 있게 됐다. 식품성분으로 잣의 가치는 옛날만큼 기대할 수 없을지 모른다. 그래도 몸에 좋은 고소한 잣죽을 끓여 먹으며 선조들의 지혜를 잊지 않고 자신의 행복을 만끽해 보는 것도 괜찮은 일일 것이다.

방풍죽

최고급 죽인 잣죽이 나왔으니 일반서민들이 간단히 끓여 먹던 '방풍죽'(防風粥)을 소개한다. 방풍은 산채 종류로서 옛날부터 약용죽에 넣어 먹었다.

조선시대의 저명한 관리며 학자이자 소설가였던 허균(1569~1618)은 정권을 비판한 대역죄로 몰려 처형당해 47세로 생애를 마쳤다. 그가 옥중에서 지은 『도문대작』(屠門大嚼)은 관리로 전국 각지를 다닐 때 먹어본 맛있는 음식을 회고해 엮은 책이다.

그 책의 앞머리에 방풍죽이 나온다. 한문으로 쓴 글인데 요약하면 다음과 같다.

……어머니 고향인 강릉은 방풍의 산지이다. 2월(음력)이 되면 사람들이 새벽같이 일어나 아침이슬을 머금은 방풍의 새순을 뜯는다. 햇볕을 쬔 것은 안 된다. 쌀을 잘 찧어 죽을 쑤는데 반쯤 익었을 때 방풍을 넣어 끓인다. 찬 자기그릇에 담아 식기 전에 먹으면 달짝지근한 맛과 향기가 입안에 가득 퍼져 3일이 지나도 사라지지 않는다. 세상에서 말하는 '제호탕' 중에서도 상품(上品)에 속한다.……(후략)

한정된 지방에서만 맛볼 수 있는 죽인가 싶었는데, 이보다 나중에 편찬된 홍만선의 『증보산림경제』(18세기 중기)에도 같은 방풍죽이 나온다. 꽤 오래 전부터 널리 알려진 죽인 것 같다. 지금도 가정요리에서는 이 죽을 즐겨 먹는다.

방풍나물에 해당하는 일본의 식물은 무엇일까?

'이부키 보후'(伊吹防風)는 방풍과 같은 미나리과 식물로서 뿌리를 말린 것을 방풍 또는 화(和)방풍이라고 부른다. 한방에서 발한과 해열, 진통제로 쓰이며 감기나 두통, 관절통에도 쓴다.

또 해안가 모래밭에 자생하는 '하마 보후'(浜防風)는 '이부키 보후'와 마찬가지로 한약으로 쓰인다. 허균이 말하는 방풍이 바로 이것을 가리킨다고 생각했는데 아무래도 종류가 좀 다른 모양이다.

중국과 한국에서 나는 방풍이 일본에 들어가 '후지스케 보후'(藤助防風)라는 이름으로 나라현(奈良縣)에서 재배되다가 지금은 생산이 끊긴 상태라고 한다. 우리나라에서는 지금도 재배돼 식용과 약용으로 쓰인다. 겨울이 끝나갈 무렵, 감기에 걸리기 쉬운 환절기에 방풍을 넣고 죽을 끓여 먹곤 했는데, 겨울을 넘기기 위한 생활의 지혜였다. 일본의 죽과 비교해 우리나라의 죽은 종류가 다양할 뿐 아니라 자주 먹는다.

방풍나물은 '이부키 보후'이든 '하마 보후'이든 산과 들에 나가면 쉽게 눈에 띄는 나물이다. 예로부터 한방에 이용돼 왔으니 나이 드신 분들은 알고 있을 것이다. 상품화돼 있는 재료를 사서 별미 죽을 쑤어 먹는 것도 좋겠지만, 같은 죽을 끓여 먹더라도 주변에 자생하는 나물을 뜯어다가 건강에 좋은 죽을 끓여 먹었으면 좋겠다.

* 제호탕(醍醐湯)에는 두 종류가 있다. 하나는 제호 즉 우유에 갈근(칡의 뿌리)가루를 풀어 넣고 끓인 것으로, 고급 죽이다. 또 하나는 시원한 음료수인데, 얼린 꿀과 사인(砂仁), 생강과에 속하는 두관(豆蔲)을

가루로 만들어 물을 넣고 끓여 두었다가 냉수에 타서 먹는다. 맛이 새콤달콤하고 시원하며, 옛날 오월 단오절에 마셨다고 한다.

팥죽

동짓날에 먹는 절식에 팥죽이 있다. 음력으로는 동짓날부터 한 해가 바뀌는 것으로 보는데, 이렇게 한 해의 절기를 기해 먹는 음식이 절식이다. 일 년 열두 달을 24절기로 나눠 절기별로 먹는 음식이 정해져 있다.

현재 동지는 12월이지만 음력으로는 11월이므로 옛날에는 팥죽이 11월의 절식이었다. 그렇지만 동지가 늘 12월 하순에 찾아오기 때문에 이날을 기해 팥죽을 쑤어 먹는다.

팥죽의 특징은 팥 이외에 쌀가루로 빚은 새알 떡이 들어가는 것이다. 옛 습관에는 새해를 맞이하는 나이 수만큼 새알 떡을 넣어 먹었는데, 지금은 형식만 남아 있다. 나이가 50, 60세가 되면 그 숫자대로 다 먹을 수 없기 때문이다.

약밥에서도 언급했지만 팥은 찹쌀과 더불어 축하할 일이 있을 때 쓰는 재료이며, 이런 점은 일본에서도 마찬가지이다. 팥의 붉은색은 역시 축하의 상징일 것이다.

팥의 원산지는 인도이다. 팥을 먹는 식습관이 어디서부터 일본으로 건너간 것일까? 이를 아는 데 참고가 되는 책이 후카츠 다다시(深津正)의 『식물화명어원신고』(植物和名語源新考, 八坂書房)이다.

이 책에는 팥의 함경도지방 사투리인 '팥기'가 바뀌어 일본어의 '아즈키'(アズキ)가 된 것이 아니냐는 내용이 쓰여 있다. 이는 아주 기발한 착상이라고 하겠다. 팥기는 방언이지만 이 지역이 우리나라에서 팥이 최초로 재배된 곳이며, 이 지방에서부터 남하해 일본에 전해지는 과정에서 발음이 변화했을 것이다.

팥기(pat-ki) 또는 파츠키(pattuki)라고 부르던 것이 p가 탈락해 아츠키(attuki), 즉 일본어의 '아츠키'(アッキ) 또는 '아즈키'(アヅキ)가 됐다. 『만요슈』(萬葉集. 나라시대 말기에 이루어진 일본에서 가장 오래된 시가집 — 옮긴이)에서 파, 피, 프, 페, 포의 발음이 하, 히, 후, 헤, 호로 바뀐 점은 지적된 바 있다(『日本語をさかのぼる』, 大野晋, 岩波書店). 그렇다면 하츠키(hattuki)는 h가 쉽게 묵음이 돼 아츠키(attuki)로 발음된다. 아마 재배식물로 일본에 건너갔을 때는 우리말 발음대로 '파츠키'로 불렸을 것이다.

팥의 원산지는 인도 지방이지만 일본으로 전파된 직접적인 경로는 한반도를 통해서 전래됐을 것이다. 그것도 팥죽을 먹는 풍속과 함께 전해졌다고 보는 것이 타당할 것이다.

그 뒤에 후카츠 씨를 직접 만날 기회가 있어 여러 의견을 나눴다.

아즈키 조니(일본식 떡국)

그는 일본 식물의 대개가 한반도에서 건너온 종류라는 사실은 일본어의 식물명을 추적하면 알 수 있다고 확신하고 있었다.

일본의 긴키(近畿. 교토와 오사카를 중심으로 한 지역 — 옮긴이) 지방에서는 1월 15일에 새알 떡이 들어 있지 않은 팥죽을 먹는 풍습이 남아 있다. 그런데 우리나라에서도 같은 날인 정월 대보름날에 절식으로 새알 떡을 넣지 않은 팥죽을 먹는다.

한반도와 지리적으로 가까워 대륙문화의 출입구였던 이즈모(出雲) 지방에도 '아즈키 조니'(小豆雜煮. 조니는 일본식 떡국 — 옮긴이)가 있다. 정월에 먹는 음식인데 어찌된 영문인지 새알 떡이 들어 있는 한국식 팥죽의 한 변형인 것 같다. 덧붙이면 간사이(關西) 지방에서 즐겨 먹는 '젠자이'(ぜんざい. 단팥죽)에서 설탕을 빼면 팥죽, 즉 '아즈키 조니'의 원형이 되는데 이는 흥미로운 사실이다.

떡 안에 들어 있는 소를 왜 일본어로 '앙'(あん)이라고 하는지 생

각해 본 일이 있다. 우리말로 속을 '안'이라고 하는 것으로 미루어, 일본어의 '앙'은 우리말의 '안'과 관계가 있는 듯하다. 팥의 쓰임새에서 오지 않았는가 하는 생각이 든다.

팥이라는 식품과 팥을 이용한 식풍속의 기원이 어디까지 이어질지 모르겠지만, 적어도 우리의 식탁과 일본의 식탁은 어떤 연관성이 있음이 분명하다.

죽과 식사도구, 그리고 유교

우리나라에 죽의 종류가 많은 이유는 적어도 두 측면에서 생각해 볼 수 있다.

하나는 식사도구가 숟가락이라는 점이다. 숟가락과 젓가락을 한 벌로 쓰는 점이 우리 식사법의 특징이다. 한국 음식은 '숟가락요리' 즉 숟가락으로 먹기 좋은 요리이다. 죽의 종류가 풍부하게 된 이유 중의 하나는 숟가락으로 먹는 식사법에 있다고 하겠다. 숟가락으로는 부드럽고 걸쭉한 죽을 쉽게 떠먹을 수 있지만 젓가락으로는 먹기 힘들다.

우리 식사법이 밥은 물론이고 찌개, 국 종류도 전부 숟가락으로 먹는 예절로 정착한 것은 숟가락이 식사도구의 기본을 이루고 있기 때문이다. 이런 식사도구가 있으니 죽처럼 걸쭉한 음식도 먹을 수 있고, 또 다양한 죽의 레퍼토리를 고안하게 됐으리라는 점은 무시할 수 없다. 말하자면 숟가락문화의 일환으로써 죽이 발달했다고 봐도 좋을 것이다.

또 하나는 죽처럼 소화가 잘 되는 요리를 개발하게 된 배경에 유교사상이 있다는 것이다. 조선시대에 들어 15세기경부터 유교가 정착되면서 '숭유억불'(崇儒抑佛) 정책, 즉 유교를 세우고 불교를 배척하는 정책을 취했다. 유교의 가르침 중에 나이 드신 부모와 선생님 등 연장자를 위하는 도덕이 있다. 자식은 먼저 부모의 불로장생을 바라고, 부모의 건강을 위해서는 자신을 희생해서라도 노력을 아끼지 않는 것이 자식의 도리이자 효도였다. 이를 실천하기 위해 '건강과 영양'에 관한 지혜를 습득해야 했으며, 음식 하나라도 연구를 거듭해 식생활에 활용했던 것이다.

'약식동원', 즉 약과 음식의 근원은 같다는 사상과 맞물려 음식에 관한 연구가 진척됐고, 노인을 보양하는 식사요법에 관한 책도 출판됐다. 그런 가운데 죽과 같은 고령자에게 적합한 요리 종류가 늘어났고, 정성껏 음식을 만드는 연구나 지혜도 한층 풍부해졌다.

또한 반찬 종류가 죽과 음식궁합이 맞는, 오래 보전할 수 있는 젓갈류나 양념장에 절인 짭짤한 밑반찬이 많아진 것도 죽 요리의 발전과 관계가 있다고 하겠다.

고기요리와 향신료

불교와 고기요리

4세기 한반도에 불교가 전래되기 전에는 육식에 관한 금기가 없었으며 오히려 적극적으로 고기를 먹었다.

한반도에 맨 처음 정착한 맥족(貊族)은 원래 수렵과 목축을 주로 하는 중앙아시아계였다. 부여의 관직명에 마가(馬加)·우가(牛加)·저가(猪加)·구가(狗加) 등의 가축명이 보인다. 당연하게 가축명을 썼을 터이고, 고기요리도 잘 만들었음에 틀림없다.

'적'은 그 당시 고기를 직접 불에 굽는 요리법인데 오늘날의 불고기와 야외 바베큐의 기원이 되었다고 할 수 있다. 또한 고조선의 건국 경위를 적은 '단군신화'에 마늘과 쑥이 등장하는 것으로 미루어 이미 고기요리에 이런 향신료가 쓰였음을 충분히 추측할 수 있다.

한반도와 그 북방지역(중국 동북지방)은 목축보다 농경이 생산의 효율성이 높은 지역이다. 이 지역에 불교가 전파됐다. 가축을 잡아 먹는 것에 죄의식을 느끼고 있던 농경민들이 받아들이기 쉬운 사상이었을 것이다. 불교는 이 지역에 퍼지기 시작했다.

삼국시대에 한반도 북부의 고구려는 372년, 남서부의 백제는 382년에 각각 불교가 전해졌다. 남동부의 신라는 불교를 좀처럼 받아들이지 않다가 528년에 국교로 인정하고, 이듬해인 529년에 동물살생금지령을 내렸다. 이렇게 해서 한반도 전지역이 부처의 가르침을 믿게 됐다. 국교가 불교이고 지배계급이 불교를 믿는 이상, 백성들의 식생활도 불교 계율의 틀에서 벗어날 수 없었다.

백제는 599년에 살생금지령을 내려 동물을 잡는 것은 물론이고 수렵과 매를 기르는 것도 금지했으며, 심지어 어민들의 생활도구인 어망조차 태워버리는 철저한 조치를 취했다.

신라는 살생금지가 그다지 엄하지 않았다. 살생유택(殺生有擇)이라고 해서 짐승을 잡는 날과 고기를 먹는 날을 정해놓고 제한했다. 즉 어느 정도 육식을 허락했던 것이다. 그러나 711년에 재차 살생금지령이 반포된 것을 보면 그것도 잘 지켜지지 않은 듯하다.

이처럼 신라에서는 어느 정도 육식을 먹을 수 있었고 백제에서는 철저하게 육식을 금지했기 때문인지, 663년에 신라가 백제를 공격하자 일본의 덴지(天智)천황이 원군을 보냈음에도 불구하고 백제군은 전멸하고 말았다. 이 '백마강'의 승패는 육식에 따른 체력의 차이와 무관하다고 할 수 없다. 신라가 백제와 고구려를 멸하고 통일신라를 이룬 뒤 곡절을 거쳐 10세기경에 고려가 통일정권을 잡게 될 즈음에는 경건한 불교입국으로서 지반을 굳혔다.

고려에 들어서 968년과 988년에 도살금지령이 내려졌다. 이것은 이미 육식을 먹는 풍조가 일부에 있었음을 의미한다.

표면상 육식이 금지됐던 이 시대의 식생활은 어떠했을까? 역시

사찰음식과 같은 채식 위주의 식사를 했던 것 같다. 남부지방은 쌀과 보리가 중심이었고, 북부지방은 조와 수수 등의 잡곡과 푸성귀, 산나물이 주를 이루었다. 다만 참기름 같은 식물성 기름을 많이 섭취해 생선과 고기의 결핍에서 오는 영양불균형을 보충한 듯하다.

이처럼 4세기에 불교가 전파된 뒤부터 13세기에 북방 육식민족인 몽골족의 침입과 지배를 받게 될 때까지 백성들의 식생활은 채식이 중심이었다. 참기름과 꿀을 아낌없이 쓴 유밀과(油蜜果) 같은 과자나 다도가 발달한 것도 불교의 융성과 관련이 있다.

몽골족의 지배

한반도와 일본열도에 육식이 정착되는 과정을 살펴보면 두 나라의 식문화 차이를 알 수 있다.

일본은 나라시대에 불교를 받아들여, 675년에 살생금지령이 내려졌다. 그 뒤에 우여곡절이 있었지만 1872년(메이지 5)에 해금령이 내려질 때까지 표면상 고기를 먹을 수 없었다. 이렇게 오랜 세월 동안 살생금지령이 지켜질 수 있었던 것은 일본이 바다에 둘러싸인 섬나라였기 때문일 것이다.

한반도는 대륙과 이어져 있다. 대륙의 북방에는 유목민족, 즉 육식민족이 항상 강대한 힘을 자랑하며 호시탐탐 넘보고 있었다. 13세기 초 몽골을 통일한 징기스칸은 한반도에까지 그 세력을 뻗쳐왔다. 1231년에 몽골의 침입이 시작되어 1356년에 한반도에서 몽골세력을 완전히 몰아낼 때까지 약 100년 남짓 몽골의 지배를 받았다. 이때 한반도의 식생활이 완전히 바뀌었다고 봐도 좋을 것이다.

어떻게 바뀌었는지 남아 있는 문헌에서 살펴보자.

1123년에 송나라의 서긍(徐兢)이 사신인 로윤유(路允廸)를 따라 고려에 들어와 수도 개성에서 1년쯤 머물렀다. 그는 그간에 송나라와 고려의 생활을 비교해 그 차이를 서술한 『고려도경』을 남겼다. 고려견문록이라고 할 수 있다.

그중에 "고려의 정치는 인(仁)이 깊으며 불교를 숭상해 살생을 금한다. 그런 까닭에 국왕이나 대신을 제외하고는 양이나 돼지고기를 먹지 않으며 짐승을 잘 잡지 않는다. 단 외국에서 사신이 오면 미리 기르고 있던 짐승을 잡아 대접한다"라는 구절이 있다.

고려사람들이 불교를 믿어 거의 고기를 입에 대지 않았음을 알 수 있다. 일부 특권계급에 속하는 사람들만 가끔 먹었던 모양이다.

제24대 원종(元宗. 1274~1295)은 "짐의 인심(仁心)이 새와 짐승에까지 미쳐야 하므로 고기반찬은 차리지 말라"라는 영을 각도의 지방관인 안찰사에게 시달하기도 했다.

짐승을 전혀 기르지 않은 것은 아니었다. 전투용 말이나 농사용소는 소중히 사육했다. 목축을 관할하는 곡목사(曲牧司)가 따로 있어 전국 각지에 목장을 설치, 운영했다. 지금도 양란(羊欄), 좌목(左牧), 용양(龍驤) 등의 지명이 남아 있는데, 이는 그때 목장명의 흔적이다. 목장에는 사육방법이 정해져 있었다. 1년을 청초절(5~9월)과 황초절(10월에서 이듬해 4월까지)로 나누어 전투말, 잡종말, 낙타, 당나귀, 노새, 일 소, 식용 소들에게 각각 피, 조, 콩을 얼마만큼 어떻게 준다는 규정이 있었다(1159년).

그렇지만 짐승의 도살과 조리법은 대단히 서툴렀던 것 같다. 『고려도경』에는 다음과 같은 구절이 있다.

네 다리를 묶어 훨훨 타는 불 속에 집어던진다. 숨이 끊어지기를 기다렸다가 털을 벗겨 물에 씻는다. 만약 아직 숨이 붙어 있으면 각목으로 때려죽인 뒤 배를 갈라 내장을 꺼낸다. 짐승을 잡는 방법이 서툴러 뱃속의 오물이 터져나온다. 이래서는 삶아도 구워도 냄새가 나서 먹을 수 없다.

이로써 추측하건대, 그 당시는 육식을 먹는 풍습이 일반적이지 않았음을 알 수 있다. 그런데 이 식풍습이 변하게 된다. 머지않아 1231년에 대륙에서부터 몽골족이 밀어닥쳤다. 30년간 몽골의 침입에 밀고 밀리는 전쟁이 계속되다가 결국 고려는 몽골족이 세운 원

(元)나라의 지배를 받기에 이르렀다. 이 전쟁은 외래민족의 침략전쟁이었지만, 식물성 식품을 주식으로 하는 농경민족과 동물성 식품에 의존하는 육식민족 간의 전쟁으로서, 식생활 방식이 전혀 다른 민족간의 공방이라는 의미에서 한반도의 식생활에 커다란 영향을 미친 전쟁이었다.

또한 채식민족은 농경이 생활수단인데다 불교를 믿어 사람은커녕 짐승의 도살조차 금지되어 있었으니, 유목이 생활수단이고 육류를 상식(常食)해 활력이 넘치던 육식민족에게 체력적으로나 정신적으로나 이길 리가 없었다. 승패의 귀추는 식생활의 차이와 깊은 관련이 있다고 볼 수 있다.

전쟁에서 이긴 원나라가 그들의 식량인 가축류를 고려에게 요구한 것은 어쩌면 당연한 귀결이라고 하겠다. 그러나 고려에는 원래 가축수가 적어 몽골이 요구하는 대로 우마(牛馬)의 숫자를 채우기가 힘들었다. 그 때문에 고려조정은 엄청난 고통을 받아야 했다.

이런 상황 속에서 원나라는 새로운 목장의 개발에 착수한다. 1276년에 기후가 온난해 목축에 적합하고 호랑이 같은 맹수가 습격할 위험이 없는 제주도를 직할 목장으로 삼고, 원나라에서 뛰어난 품종의 우마를 들여와 대대적으로 방목했다. 다른 목장도 강화됐다.

이렇게 종전에 비해 전투용·농사용·식용의 가축을 대량으로 사육하게 되면서 지배자의 식사양식이던 육식이 점점 백성들의 생활 속에 파고들어가 일반 가정에까지 보급되기에 이르렀다.

다양한 고기요리

육회와 타르타르 스테이크

육회는 날로 먹는 소고기 요리이다. 요즘은 여름에 차게 해서 먹는 요리로 인기가 있다. 국수요리에서도 잠시 언급했지만, 원래 육회는 가을이나 겨울에, 즉 날고기가 잘 부패하지 않는 계절에 만들어 먹는 요리였다.

육회가 당당하게 조선시대 궁중요리의 회메뉴가 된 것도 고려시대에 고기요리가 정착한 뒤 발전한 결과라고 하겠다.

육회를 만드는 법을 보자. 먼저 기름기가 없는 살코기를 채 썰듯이 썬다. 간장과 참기름, 다진 마늘(파), 설탕(꿀), 참깨 등의 양념을 넣어 무친다. 접시에 상추나 파슬리 같은 야채를 깔고 그 위에 무친 고기를 소복이 담는다. 접시 가장자리에 오이, 사과, 배 등을 채 썰어 육회를 감싸듯이 둥글게 담고, 고기 한가운데를 움푹 파서 계란노른자를 얹는다. 그 위에 고명으로 잣이나 실고추를 살짝 뿌린다. 사과나 배 대신에 참마를 써도 좋다.

일본의 한국식당에서도 거의 이 요리를 만들어준다. 차게 해서 먹는 요리라서 어느 쪽이냐 하면 여름에 먹는 요리가 되어버린 느낌인데, 일본에서도 꽤 인기가 있어 널리 알려진 음식이다.

이 음식은 유럽에도 있다. 서양의 생고기 요리인 '타르타르 스테이크'가 육회와 거의 똑같다. 아마 같은 요리에서 파생됐기 때문일 것이다. 이 요리는 얼음이나 냉장고가 없던 지역에서 고안된 요리라고 할 수 있다.

타르타르 스테이크는 타타르족이 먹는 고기요리라는 뜻이다. 중앙아시아의 유목·육식민족인 타타르족이 징기스칸의 세력권에 편입되어 유럽의 독일과 헝가리 등에 그 발자취를 남긴 사실은 널리 알려져 있다. 그때 이 요리가 유럽에 정착했고, 그 이후 타르타르 스테이크로 일컬어진 듯하다.

나는 1976년에 국제발효심포지엄이 있어 서독의 베를린에 갔다가 거기서 연회요리로 나온 타르타르 스테이크를 두 번 정도 먹었는데, 계란노른자를 얹은 것까지 똑같아 무척 놀랐다. 기름기가 좀 있는 고기에다 야채를 잘게 썰어 육회와는 좀 달랐지만 참 맛있게 먹었다.

유럽의 타르타르 스테이크와 우리나라의 육회가 유목민족인 징기스칸의 문화로서 서로 관련이 있다는 사실을 알고 있는 사람은 적은 듯하다. 13세기에 몽골이 고려를 거쳐 일본을 침략하려다 태풍 '가미카제'(神風)를 만나 단념하고 말았는데, 만약 그때 태풍이 불어오지 않았더라면 일본열도의 육식문화도 어떻게 됐을지 알 수 없는 일이다.

육포와 설렁탕

도축한 날고기를 조리해서 맛있게 먹는 방법도 많지만, 보존식품으로 만들어 맛있게 먹는 방법도 여러 가지로 연구됐다.

'포'란 말린 것을 말한다. 소고기나 말고기 등의 살코기 부분을 얇게 저며 바싹 건조시켜 비축육이나 휴대용 식품으로 보존했다. 지금도 소고기와 사슴고기의 육포는 약용으로서 고급품으로 친다.

고기를 말리는 일은 쉽지 않다. 비계가 공기에 닿으면 산화현상을 일으키는데 산화한 비계가 건강에 좋지 않기 때문이다. 오늘날의 소는 대개가 육우용으로 사육되는 소 종류여서 운동부족이고, 그만큼 비계가 많아 육회나 육포로 이용할 수 있는 부위가 적다.

최근에는 마른 안주나 휴대하기 편리한 스낵식품으로 육포가 개발되고 있다. 사육된 육우를 재료로 썼지만 연구를 거듭해 육포 기술이 꽤 발달했음을 한눈에 알 수 있다. 옛날에는 소나 말을 실컷 부려먹다가 폐역시키는 짐승을 잡아서 식용으로 썼기 때문에 오늘날 먹는 고기보다 육질이 질기고 비계가 훨씬 적었을 터이다. 이런 고기로는 육포를 만들기도 쉬웠을 것이다.

제주도에 목장이 개발된 뒤 말고기 육포가 이 지방의 특산물이 됐다. 1277년에 원나라의 직할 목장이 설치됨에 따라 전투용 말을 대량 사육하면서 제주도에서도 말고기를 먹었다. 머지않아 말고기 육포는 제주도의 대표적 특산물로서 조정에 올리는 진상품에 들게 됐다. 이렇게 해서 날고기를 건조시킨 육포가 고기요리법의 한 종류로 정착하였고, 그 이후 널리 알려져 오늘날에 이르고 있다.

그런데 조선시대 때인 1401년 말고기 육포를 진상품으로 올리지 말라는 금지령이 내려진 적이 있다. 이는 소나 말을 식량으로 소비하지 말고 농사짓는 데 더 활용하라는 의미였다고 생각된다.

고기의 조리법도 구이, 찜, 볶음 등 점점 다양해졌다.

흔히 먹는 국에 설렁탕이 있다. 설렁탕은 원래 소고기나 양고기를 재료로 썼다. 그것도 정육보다 내장이나 꼬리 등을 되는 대로 적당히 썰어 넣고 물을 넉넉히 붓고 약한 불에 푹 고아 후추와 소금만으로 맛을 낸다. 간장은 쓰지 않는다. 짐승을 잡을 때 정말 손쉽게 생각해낸 요리법이다. 그 때문인지 설렁탕의 요리법과 명칭은 몽골에서 유래했다고 한다.

가정요리이기도 한 곰탕은 양과 처녑, 꼬리 등을 뭉근한 불에 푹 고아 만드는데 설렁탕과 비슷하다. 일본의 한국식당에서도 곰탕을 팔고 있다. 본고장의 설렁탕이 좀더 맛이 진한 진국이다. 술을 마신 뒤에 가볍게 먹어도 좋고 해장국으로도 안성맞춤이다.

최근에 일본에서도 곱창이나 꼬리를 많이 먹게 됐다. 일본인들도 설렁탕을 좋아하게 될 것이다.

고기의 부위 명칭과 우리말

고기를 각 부위별로 나눠 요리하고 내장 따위를 잘 조리할 수 있게 된 것도 육식민족의 영향이다. 몽골족의 영향으로 짐승을 잡아먹게 됐다. 그러나 불교의 계율 아래서 도축업이 천시돼 이 직업에 종사하는 사람들을 '백정'이라고 불렀다. 이런 사실은 육식문화가 실제로 이 시기부터 시작되어 정착됐음을 말해준다.

이렇게 해서 14세기경부터 오늘날까지 600여 년간 육식문화가 면면히 이어져왔다. 이 점은 일반 백성들이 육식을 먹는 전통이 없었던 일본과 전혀 다른 점이다.

일본사람들은 메이지(明治)시대에 들어서야 공식적으로 소고기를 먹게 됐으며, '야키니쿠'(燒肉.일본식 불고기)도 전후 즉 1945년 이후에 한국 음식점이 늘어나면서부터 일반인들에게 보급된 것이다.

이런 사실을 여실히 보여주는 예는 소고기 부위의 일본어 호칭이다. 1980년 1월에 '일본미트아카데미'(Japan Meat Academy)에서 가축의 부산물에 관한 강의를 맡고 있는 가와사키 료우죠(川崎良三) 씨에게서 한 통의 편지가 날아왔다. 그 일부를 소개한다.

……소는 위가 4개 있습니다. 제1위는 '미노'(ミノ), 제2위는 '하치노스'(ハチノス), 제3위는 '센마이'(センマイ)이죠. 여기까지는 알겠습니다만, 제4위를 간사이(關西) 지방에서는 '아카센마이'(アカセンマイ), 도쿄에서는 '갸라아'(ギャラー) 또는 '갸라'(ギャラ)라고 합니다. 문제는 도쿄에서 쓰이는 (책에도 나와 있습니다) '갸라아' 또는 '갸라' 인데, 도대체 무슨 의미인지요? 한국어에 이 말이 없는지요? 다음으로 소의 대장을 '댓창'(テッチャン)이라고 하는데 댓창은 한국어가 아닙니까?……

가축의 부산물을 강의하시는 분이라서 그런지 과연 착안하는 바가 달랐다. 나는 소고기 부위의 일본어 호칭 중에는 우리말에서 유래한 것이 많다는 내용을 적어 답장을 보냈다. 간단히 요약하면 다음과 같다.

'미노'는 소의 제1위를 자르면 모양이 '미노가사'(蓑笠)처럼 삼각형인 데서 유래했다. 이 미노가사라는 말의 발상은 우리말의 '횟갓'에서부터 간 것이다.

'하치노스'는 벌집이라는 뜻인데 모양이 벌집처럼 생겨 붙여진 것 같다. 우리말로도 '벌집위'라고 하는데 보통 '양'이라고 부른다.

'센마이'는 한자로 천매(千枚)라고 쓴다. 즉 위의 주름이 겹겹이

덮여 있는 데서 온 말이다. 이것도 우리말의 처녑(千葉)을 일본어로 번역한 것이다.

일본에서는 내장 종류가 1945년 이후에야 식탁에 오르게 됐으므로 그 명칭도 도축장 용어로 사용됐을 뿐이고 일반인들에게는 알려지지 않았다.

내장 종류는 일본인들이 거의 먹지 않고 버리던 것이었다. 그것을 손질해 요리에 이용한 사람은 다름 아닌 오래 전부터 육식 습관을 가지고 있던 재일동포들이었다. 이들이 도축장에 가서 자신들이 쓰던 말, 즉 한국말로 내장을 사오는 과정에서 그 호칭이 도축장에 정착한 듯하다. 그래서 우리말과 관련이 있는 말이 많게 된 것이다.

그리고 제4위의 명칭인데, '아카(赤)센마이'는 제3위의 색보다 제4위가 적갈색을 띠는 데서 온 말이다. 간토(關東) 지방에서 말하는 '갸라아' 또는 '갸라'에 직접 대응하는 우리말은 없다. 이 말의 어원은 아직 밝혀지지 않았다. '댓창'은 우리말의 대장에서 간 것이 분명하다.

가와사키 씨의 편지에는 없었지만 내장의 호칭이 나온 김에 덧붙이겠다. 비장을 일본어로 '지레'(チレ)라고 하는데 이것은 우리말이 그대로 일본어가 된 경우이며, '고부쿠로'(子袋)라는 표현도 우리말의 아기집을 한자로 표현한 것이다.

내장 중에서 '하츠'(heart. 심장)나 '단'(tongue. 혓살)처럼 서양요

리를 통해 일반화한 것은 영어 발음을 그대로 썼다. 그러나 늑골 옆 부위를 '가루비'(カルビ)라고 하는 것은 역시 우리말의 갈비에서 간 것이다. 이처럼 오늘날 '야키니쿠' 요리나 내장의 호칭 중에 우리말이 일본어의 외래어로서 정착한 말이 많은 것은 우리의 식문화가 일본의 육식문화에 받아들여졌음을 의미한다.

최근에 중국요리, 한국요리, 일본요리 등 아시아의 요리가 서양에서 관심을 끌고 있다. 특히 일식은 미국에서 건강식으로 재인식되고 있다.

'야키니쿠'는 불고기의 일본판이라고 할 수 있는데, 지금 외국에서는 일본요리로 믿고 있다. 불고기의 본고장인 한국에 못지 않게 야키니쿠집이 많고 또 많은 일본인들이 즐겨 찾기 때문일 것이다. 그만큼 일본의 음식으로서 뿌리를 내리고 있다는 말이다.

베를린에 머물던 때의 일이다. 아무래도 며칠째 양식만 먹자니 좀 느끼해 일식집을 몇 군데 들러 쌀밥을 사먹었다. 한 가게의 차림표에 '야키니쿠'가 있었는데, 비후스테이크용 고기를 얇게 썰어 구워먹는 데는 좀 놀랐다. 가게 이름까지 '야키'(やき)여서 할 말을 잊은 적이 있다.

불 위에다 직접 고기를 올려 젓가락으로 뒤집어가며 자신의 기호에 맞게 구워먹는 '야키니쿠'는 젓가락문화의 전형이라고 할 수 있다. 불고기 문화는 이렇게 전세계로 퍼져나가고 있다.

후추 이전의 향신료

육식에 뒤이어 향신료를 거론하는 이유는 고기요리에 후추 등의 향신료를 빠뜨릴래야 빠뜨릴 수 없기 때문이다. 또한 한국요리에서 후추의 사용이 전제가 되어 그 뒤에 고추의 사용으로 이어졌다고 보이기 때문이다.

내가 한국의 음식에 관한 책을 쓰니까 일본에서 가끔 이런 질문을 받곤 한다. "한국요리는 왜 맵게 됐는지요?", "고추가 한국의 토양에서 잘 자라니까 매운 요리가 많은 것입니까?" 등등. 그 실마리를 더듬어 찾아 올라가면 고추 사용의 밑바탕에는 육식의 보급과 정착이라는 토대가 이미 마련되어 있었다는 점을 지적할 수 있다.

육식이 일반화한 14, 15세기경부터 후추가 사용되기 시작했다. 이것이 같은 매운 맛의 향신료인 고추의 사용으로 이어진 것이다. 이 점은 나중에 언급하기로 하고, 그럼 후추 이전에는 어떤 향신료가 쓰였을까? 문헌을 확인해보니 산초, 생강, 자소(紫蘇), 겨자, 여뀌, 미나리 등이 보인다.

일본어에 "벌레가 매운 여뀌를 먹는 것도 제 취향이다"라는 말이 있는데 우리나라에서도 여뀌가 향신료로 쓰였다니 흥미롭다. 여뀌는 김치에 넣기도 하고 향신료나 조미료로 쓰기도 했다. 고려시대 이규보의 시, 「여뀌꽃에 백로」(蓼花白鷺)에 등장할 정도로 일반적인 채소였다.

술을 빚는 누룩에도 여뀌가 쓰였다. 그 방법을 보면 여뀌 삶은 물에 찹쌀을 하루 동안 담갔다가 물기를 빼고 밀가루를 골고루 묻혀 바짝 말린다. 이것을 여름에 술 담글 때 누룩의 재료로 썼다.

산초도 흔히 사용됐다. 한자로는 천초(川椒)로 쓰며, 일본에서 나는 산초와 같다. 생선요리 특히 추어탕과 같은 민물생선요리에는 지금도 산초가 쓰인다. 김치에도 산초를 넣은 기록이 있다.

17세기 말경(1680년경?)에 간행된, 작자 미상의 요리전문서인 『요록』(要錄)에는 오이 종류의 김치에 넣는 양념 중에 산초가 들어 있다. 이는 중요한 사실이다. 김치에 고춧가루를 사용하기 전에 산초를 향신료로 썼다는 것을 의미하며, 이것이 김치에 매운 고추가 들어가는 기초가 됐다고 볼 수 있기 때문이다. 이즈음에 나온 문헌을 보면 아직 김치에 고춧가루가 사용되지 않았다. 18세기 초에 간행된 『산림경제』에 비로소 고추재배법이 등장하고, 18세기 중기나 돼야 고추를 사용한 예가 나온다.

오늘날 한국요리에는 매운 요리가 많지만 그 역사는 그다지 오래지 않다. 그러나 여기서 후추를 간과해서는 안 된다. 고추의 매운맛이 정착하는 데는 여뀌나 산초가 그 이전의 향신료로 쓰였다는 점보다 후추가 일반 백성들에게 널리 보급됐다는 점이 더욱더 중요하기 때문이다.

육식과 후추

14, 15세기에 육식이 정착돼 널리 퍼지자 더욱 맛있게 먹는 방법을 연구하려는 노력이 계속됐다.

후추는 고기의 노린내를 없애주고 방부제 역할도 하며 고기의 맛을 돋우어주기 때문에 고기요리에 딱 좋은 향신료였다. 후추는 중국에서 들어왔다고 한다. 문헌에는 고려 말기인 1389년에 류큐국(琉球國), 즉 일본의 오키나와(沖繩)로부터 들어왔다는 기록이 있다. 남만(南蠻)에서 전래된 귀중한 수입품인 후추는 당초에는 의약품에서 뺄 수 없는 상품이었다. 그러다가 후추가 빈번히 수입되어 서민들의 식생활에 쓰인 것은 조선시대 때의 일이다.

비싼 수입품이어서 서민들의 식탁에 오르는 일은 없었지만 필요한 의약품이고 또 조미료나 향신료로 쓰는 경우도 생겨나 그 수요는 점점 증가했다.

그렇지만 전량을 수입에 의존하고 있었으므로 그에 따른 국내 유출품, 즉 면포, 불교대장경, 은 등이 큰 부담이 됐다. 이런 사정도 있어 조선시대에 들어와 국내에서 후추를 직접 재배할 방법을 모색한다.

『성종실록』에 따르면 다음과 같은 경위를 알 수 있다.

1481년(성종 12)에 성종이 후추 씨를 구해오도록 지시했다. 교섭

상대는 류큐와 조선 사이에서 중계무역을 하던 일본이었다. 이듬해 4월, 일본국왕의 사신인 승려 에이코우(榮弘)가 조선에 왔을 때, 왕은 그를 접견한 연회석상에서 정식으로 후추 씨를 구해달라고 청했다는 내용이 4월 12일자 정식문서에 기록되어 있다.

성종연간에 1481년부터 1486년까지 6년간 열두 차례나 후추 씨를 구해달라는 요청을 했는데, 그 중의 한 차례가 명나라였고 나머지는 전부 일본이었다. 그렇게 열심히 후추 씨를 요청했건만 후추는 열대식물의 열매여서 부탁을 받은 일본도 또 후추를 전한 류큐도 조선의 요구에 응할 수 없었다.

그러던 차에 조선의 내부사정에 밝은 쓰시마(對馬島)의 소우 마사구니(宗貞國)가 후추 씨를 구해오는 대항해를 기획했다. 그는 1483년에 타이라 구니유키(平國幸)를 사자로 보내, 조선측이 자금을 부담하고 쓰시마측이 인재와 배를 맡겠다는 안을 제기했다. 이 안은 자금의 일부를 조선측이 부담해 계획에 착수했으나 3년 뒤에 좌절돼버렸다. 쓰시마 영주가 조선에 사자를 보내와 사과함으로써 후추교섭은 결렬됐다.

이렇게 열심히 후추 씨를 구하려는 일련의 움직임은 일본에서 후추가 약용이든 식용이든 거의 주목을 끌지 못했던 점과 무척 대조적이다. 이는 육식이 일반화한 우리나라와 육식이 일반화하지 않은 일본의 큰 차이였다.

할 수 없이 계속해서 막대한 물품을 수출하면서 후추를 수입하던 조선은 중개무역상이며 후추의 수출국인 일본과 전쟁을 하게 됐다. 16세기 말의 임진왜란, 즉 도요토미 히데요시(豊臣秀吉)가 조선을 침략한 것이다.

이 때문에 당연한 결과이겠지만 교역관계가 무너지고 전쟁이 끝난 뒤에도 국력이 피폐해 후추뿐 아니라 다른 물품도 해외수입이 곤란하게 됐다. 그래서 종전처럼 후추를 손에 넣기가 어렵게 됐다. 마침 임진왜란을 전후해 어찌된 일인지 남만의 고추가 조선에 전래됐다.

고추는 후추의 대체 상품인가

임진왜란이 끝나고 십수 년이 지나 1614년에 간행된 이수광의 『지봉유설』에는 다음과 같은 구절이 있다.

남만초 (南蠻椒)에는 독이 있다. 처음에 왜국(倭國)에서부터 들어와 속칭 왜겨자라고 부른다. 요즘에는 이것을 왕왕 심으며, 술집에서는 이 맹렬한 맛을 이용하고 있다.

이 대목으로 미루어 남만후추인 고추가 일본에서부터 전래된 것임을 알 수 있다.

고추가 우리나라에 들어와 뿌리를 내린 시기는 17세기 초로 보인다. 그런데 고추가 일반요리에 쓰이기까지는 그로부터 약 100년에 가까운 세월을 필요로 했다. 18세기 초에 나온 『산림경제』에 고추의 재배법 등이 적혀 있다.

이 약 100년 동안 고추가 우리의 식탁에 오르는 과정은 점차 입수가 곤란해진 후추의 대타 역할을 고추가 대신하는 과정이었다는 점을 간과할 수 없다. 국내에서 재배해보려고 후추 씨를 구하고자 백방으로 손을 써보았으나 결국 수포로 돌아갔다.

임진왜란으로 일본과 교역이 끊기고, 내부적으로 경제력이 피폐했던 시기였다. 또한 임진왜란이 끝난 뒤에 도쿠가와 바쿠후(德川幕府)와 선린우호관계를 맺고 교역을 재개했으나, 일본이 천주교 탄압에 이어 1639년에 쇄국령을 내린 상태였으므로 네덜란드 배를 제외한 남만선(南蠻船)은 일본에 입항할 수 없었다.

조선은 네덜란드 배를 통해 간접적으로 후추를 수입하거나 일본을 통하지 않고 직접 수입하는 길도 있었을 터이지만, 국내에서 고추 생산이 가능하게 되자 점차 후추 대신에 고추를 쓰게 된 것으로 보인다.

고추는 국내 재배가 가능할 뿐더러 풋고추는 덜 매운데다 비타민

A와 C가 풍부해 귀중한 채소로 쓰였다. 게다가 김치에 산초나 여뀌를 넣거나 갓으로 김치를 담그는 등 이미 매운 맛에 길들여져 있어서 김치에 고추를 넣는 것도 수월했을 것이다.

 이렇게 교역과 전쟁, 식풍습 등의 요인이 얽히고 설키어 17세기 이후 고추가 새로운 향신료로서 우리나라에 정착하게 됐다. 그 최대 요인은 무엇보다도 그 이전에 육식을 먹는 습관이 뿌리를 내리고 있었기에 가능했다고 하겠다. 육식민족인 몽골족이 가져온 육식요리의 영향은 단순히 보급되기에 머무르지 않고 새로운 향신료 사용법의 개발로 이어졌던 것이다.

 이 점은 일본의 향신료 사용법과 비교하면 잘 알 수 있다.

고려후추와 일본요리

 일본사람들은 오랫동안 육류를 입에 대지 않았다. 그래서인지 무로마치(室町. 1392~1573)시대에 전래된 후추를 일본 국내에 널리 보급시키지 못했다. 오히려 중계무역을 통해 조선에 수출했을 정도였다. 더욱이 1552년 규슈 지방에 남만후추 즉 고추가 전래됐지만 (『日本植物文化の起源』, 安達嚴) 별로 인기가 없었고, 일본 혼슈(本州)보다 우리나라에 먼저 들어온 것은 일본의 식생활에 후추나 고추가 정착할 기반이 약했기 때문일 것이다. 규슈의 일부 지방에서 재배되던 고추가 임진왜란 또는 그 이전에 우리나라로 건너왔으며, 임진왜란 때 일본에서 온 군인들이 조선의 고추 씨를 교토와 오사카로 가지고 간 것 같다.

내친 김에 일본의 문헌 중에서 고추에 대한 기사를 몇 가지 살펴보자.

『대화본초』(大和本草, 1709) — 옛날에 일본에 없었는데 히데요시가 조선정벌 때 종자를 가져왔다. 그런 이유로 고려후추라고 한다.

『물류칭호』(物流稱呼, 1775), 『성형도설』(成形圖說), 『왜훈간』(倭訓栞) 등의 책도 『대화본초』의 내용을 따르고 있다.

『대주편년략』(對州編年略. 對州는 쓰시마를 가리킴) — 1605년에 조선에서 고추가 들어왔다.

어찌된 일인지 남만에서 규슈로 전래된 고추가 일본 혼슈로 가지 않고 조선으로 건너왔다가 다시 조선의 고추종자가 일본에 재유입되어 정착한 것 같다. 그래도 일본에서는 '시치미'(七味. 일곱 가지 양념을 섞어 만든 양념. 에도시대에는 생고춧가루, 볶은고춧가루, 산초, 검정 깨, 귤껍질, 앵속 씨, 삼 씨를 섞어 만들었으나 현재는 지방에 따라 약간씩 배합이 다르다. 참깨, 파래를 넣기도 한다 — 옮긴이)에 고춧가루가 조금 쓰일 뿐이다. '시치미'에 후추가 들어가지 않은 것은 후추나 고추가 어지간히 일본요리에 뿌리를 내리지 못했음을 말해준다.

그러나 최근에 와서 일본에서도 고기요리의 종류가 다양해졌다. 당연히 고기를 맛있게 먹기 위해 향신료의 쓰임새를 다각도로 연구하게 됐고, 그 결과 향신료의 소비량은 증가 일로에 있다. 그 중에서도 후추의 소비량이 가장 많이 늘어났다. 또 한국음식이 보급됨에 따라 고추의 소비량도 늘고 있다. (일본국내산이 적어 거의 수입품이다.) 일본에서도 육식의 일반화가 향신료의 다양화를 초래했다. 17세기경에 한반도에서 일어난 '향신료 혁명'의 풍경이 지금 일본의 식탁 위에서 전개되고 있는 것 같다.

한국요리에 쓰이는 고추는 육식의 도입과 관련되어 정착됐지만 한국음식이 전부 다 매운 음식만 있는 것이 아니며, 고추가 들어오기 전의 요리는 맵지 않은 요리가 많았다는 것을 부언해 둔다.

나물 종류도 간장과 참기름만으로 무치는 경우가 많았다. '전'은 생선이나 야채를 얇게 저며 계란노른자를 풀어 옷을 입혀 기름에 지진 요리이다. 유명한 '신선로'는 맵지 않다. 특히 관혼상제와 같이 격식을 갖춘 상에 내는 음식에는 고춧가루를 쓰지 않는다. 고추가 도입되기 전에 이미 그런 격식이 정해졌기 때문일 것이다.

야채와 산채

우엉요리

내가 어렸을 적에 먹던 우리집의 요리에는 우엉이 거의 쓰이지 않았다. 그러나 일본요리에는 우엉을 이용한 요리가 아주 많다. 우엉은 일본풍 야채의 전형적인 재료이다.

1981년쯤 당시 가고시마(鹿兒島)대학 농학부 교수이던 나카오 사스케(中尾佐助) 씨에게서 엽서 한 장이 날아왔다. 한국에도 우엉요리가 있는지, 있다면 어떻게 해서 먹는지 가르쳐달라는 내용이었다. 내가 쓴 『조선식물지』(朝鮮食物誌, 柴田書店)를 읽고 보낸 편지인 듯했다.

나카오 교수는 『재배식물과 농경의 기원』(栽培植物と農耕の起源, 岩波書店), 『요리의 기원』(料理の起源, NHKブックス) 등의 저서를 낸 음식과 작물 문화의 권위자이다.

한국에서 우엉을 어떻게 해서 먹는지 평소에 별로 주의를 기울이지 않았기에 곧바로 여러 문헌자료를 뒤져봤다. 그다지 자주 먹는 것 같지는 않았지만 전라도 지방에 유명한 우엉의 향토요리가 있었고, 그 외 다른 지방에도 우엉요리가 있었다.

전라도 지방의 향토요리는 뿌리만 먹는 일본과는 달리 이파리도 이용하는데 그 요리법을 보자.

찹쌀가루로 풀을 쑤어 적당히 소금간을 한다. 우엉잎에 찹쌀풀로 옷을 입혀 잠시 말렸다가 풀기가 꾸덕꾸덕해지면 기름에 튀긴다. 바삭바삭한 맛이라고 한다. 한국의 우엉은 일본의 우엉과는 조금 다른 품종인 것 같다. 잎과 뿌리가 일본산보다 작고, 특히 잎이 연해서 먹기 좋다.

뿌리로는 우엉김치를 만든다. 깨끗이 씻어 연필을 깎듯이 엇비슷이 자른다. 이것을 끓는 물에 살짝 데쳐 김치를 담글 때와 마찬가지로 고춧가루, 마늘 등의 양념을 넣고 잘 버무린다. 멸치젓을 넣어 맛을 내기도 한다.

이밖에도 우엉뿌리로 조림을 만들거나 국에 건더기로 넣기도 한다.

우엉을 먹는 방법은 대충 이 정도일 것이다.

조사하면서 의외였던 것은 어찌된 일인지 우엉을 식용으로 먹는 나라가 지구상에 우리나라와 일본밖에 없는 것 같다는 점이었다. 중국에는 우엉요리가 없다. 한방약에는 쓰이지만 식용으로는 먹지 않는다. 『중국소채재배학』(中國蔬菜栽培學)에 우엉에 관한 기록이 전혀 보이지 않고, 『본초비요』(本草備要)에는 우엉이 약초부에 들어 있는 것을 봐도 그 같은 사실을 확인할 수 있다.

다만 송나라 때 서적인 『산가청공』(山家淸供)에 우엉포 요리가 나오는데, 지금은 먹지 않는다고 한다(『中國食品事典』, 書籍文物流通會, 1970). 중국요리 선생에게 물어봐도 잘 모른다고 한다. 중국은 땅이 워낙 넓은데다 일본의 중국요릿집에서는 일반 가정요리를 취급하지 않으니, 대개 요리 선생의 말이라고 해도 그다지 믿을 만하지는 않다. 나도 중국을 여러 번 여행했지만 우엉은 본 적이 없다. 아마 중국에서는 채소로 취급하지 않는 모양이다.

유럽에서도 우엉을 식용으로 먹지 않는다. 우엉의 야생종은 유럽과 시베리아, 중국 동북부지방 등에 분포하고 있으며, 특히 지린(吉林), 퉁화(通化) 등의 옛 만주 지방에 많이 분포하고 있다.

『조선식물도감』(평양, 과학출판사, 1976)에는 한반도에서 재배하는 식용식물로서 수록돼 있는데, 일본의『일본식품사전』(日本食品事典, 醫齒藥出版, 1968)을 보니 "……야채로 이용하는 나라는 우리 일본뿐이다"라고 적혀 있다. 일본 사전에 이렇듯 잘못된 표현이 버젓이 실려 있는 것이 마음에 걸린다.

이렇듯 사전류에도 혼란이 있으니 나카오 교수 같은 분이 나에게 확인하려는 의미에서 물어본 듯 했다. 중국에서 식용으로 먹지 않으면 한국에서도 마찬가지일 것이라는 추측이 아무래도 마뜩찮다.

나카오 교수는 "시베리아, 중국 지방의 우엉이 식용 채소로서 한반도로부터 일본에 전해진 것이 아닌가 한다"고 했다. 이는 중요한 지적이다. 중국에서 약용으로 쓰던 것을 우리나라에서는 식용으로 먹게 됐으니 굉장한 지혜이다.

우엉의 식품성분을 보면 단백질, 당질, 무기질이 많이 들어 있는데, 소화가 잘 안 되는 것이 흠이다. 그러나 비타민 B_1도 들어 있고 무기질인 칼슘도 많이 들어 있어 식품의 가치를 높여주고 있다. 우엉은 채소의 조건을 충분히 갖추고 있어 다른 채소류에 결코 뒤지지 않는다.

한방에서는 어떤 효능이 있는 것일까? — 약으로 먹을 때는 뿌리 부분을 달여서 마신다. 고기를 먹고 식중독에 걸렸을 때, 홍역처럼 열이 나고 습진이 생겼을 때, 담이나 기침이 멈추지 않을 때 효험이 있다고 한다. 이뇨제 효과도 있고, 중풍을 낫게 해준다고도 한다. 우엉 씨를 짓이겨 마시면 종기의 고름이 빨리 빠진다고도 한다.

하나 더 옛날의 이용법을 소개하면, 뿌리를 잘게 썰어 임신중인 여성의 질에 넣어 낙태제로도 썼다고 한다.

유럽에서는 단순한 잡초이지만 중국대륙에서는 한약에 쓰며, 한반도와 일본열도에서는 먹는 데 쓴다. 특히 한국보다 일본에서 식용도가 높다. ……이 식물은 원산지인 서아시아로부터 멀어지면 멀어질수록 식탁에 오르는 빈도가 높아지는 것 같다.

죽순과 죽실

죽순도 일본요리에 흔히 쓰이는 재료이지만, 한국에서는 좀 낯선 재료이다. 그것은 한국에 죽순이 귀하기 때문이다. 일본은 홋카이도를 제외한 전국 어디에서나 대나무가 군생하고 있어 죽순을 간단히 손에 넣을 수 있다.

한반도에는 중부 이남에서만 대나무가 자란다. 그것도 맹송죽(孟宋竹)과 같은 굵은 대나무는 남쪽의 극히 일부 지방에서만 자라며, 대개 가는 종류이다.

일본에서는 가을걷이가 끝나면 논 한가운데 대나무를 맞대어 세워놓고 그 위에 볏단을 걸어 말리는 풍경을 흔히 볼 수 있다. 우리 농촌에서는 가을걷이가 끝나도 이런 풍경을 볼 수 없다. 볏단을 묶어 그대로 논바닥에 세워놓은 채로 말린다.

북한에 갔을 때 평양에서 원산까지 고속도로를 타고 가면서 창 밖으로 잘 여문 볏단을 논바닥에 나란히 세워놓은 풍경을 보고 있자니, 대나무가 있고 없는 문화의 차이가 농사일에도 반영돼 이렇게 농촌 풍경을 다르게 하는구나 하는 생각이 새삼스레 들었다.

그러니 죽순요리는 전국 어디서나 맛볼 수 있는 것은 아니며, 비교적 덜 추운 남부 지방에서만 맛볼 수 있다. 죽순의 크기는 일본산보다 작지만 그런 대로 갖가지 요리법을 이용한 요리가 있다.

먼저 죽순구이를 소개한다. 초봄에 땅 위로 20센티미터 정도 올라온 죽순을 캐어 껍질째 구운 다음 껍질을 벗기고 얇게 썰어 식초를 넣고 새콤하게 무쳐 먹는다. 석이버섯, 표고버섯, 파, 생강, 후추 등을 넣는다. 고춧가루를 넣기도 하고 설탕을 넣어 달콤하게 무쳐도 맛있다. 칼로 얇게 썰지 말고 국수방망이나 칼등으로 두드려 섬유질을 연하게 해서 무쳐도 좋다.

　죽순을 요리할 적에 껍질째 굽거나 삶는 것은 합리적인 조리법이라고 하겠다. 일본에서도 죽순을 삶을 적에 껍질째 삶는 것이 맛있는 요리를 만드는 비결이라고 한다. 안껍질에 포함된 아황산염이 표백작용과 연화작용, 살균작용을 해주기 때문에 색이 뽀얗고 연한 죽순을 맛볼 수 있다.

　그렇지만 삶지 않고 생것을 식초 등의 갖은 양념을 넣고 새콤하게 무쳐도 술안주에도 좋고 밥반찬에도 그만이다. 또 삶은 닭고기나 꿩고기를 죽순 사이에 끼워 넣고 다시 찌면 고기 맛이 죽순에 잘 배어 별미를 즐길 수 있다. 옛날부터 삶은 죽순을 말려 보존해 두었다가 필요할 때 꺼내 물에 불려서 요리에 쓰는 방법도 전해온다.

　죽순죽도 맛있다. 만드는 법은 먼저 새순을 껍질째로 삶아 그대로 식힌 다음 껍질을 벗겨 얇게 썬다. 소고기를 잘게 썰어 양념한 다음 죽순과 함께 살짝 볶아 놓는다. 쌀을 물에 불렸다가 믹서에 갈아서 여기에 소고기와 죽순 볶은 것을 넣고 죽을 쑨다. 독특한 풍미를 맛볼 수 있다.

　죽순죽이 나온 김에 또 하나 진기한 죽을 소개한다. 죽실(竹實)죽이다. 이 죽은 허균의 『도문대작』에 나온다. 이 책은 허균이 관직에 있을 때 전국에서 맛본 맛있는 음식을 회고해 엮은 책이다. 허균은 학문이 뛰어난 우수한 관리이자 소설 『홍길동전』을 쓴 문학가이기도 했다. 당쟁에 휘말려 역적으로 몰려 처형당해 47세에 이 세상을 하직했는데, 『도문대작』은 그의 나이 40세에 쓴 책이다.

그는 지리산 자락인 지금의 전라남도 영암에 머물 때 맛본 죽실죽의 맛을 잊지 못하고 다음과 같이 적고 있다.

……내가 있던 낭주(浪州. 지금의 영암)의 절에서 노승의 제자가 명령에 따라 죽실에 곶감가루와 밤가루를 넣어 쑤어준 죽은 몇 순가락을 떠먹었을 뿐인데도 하루종일 몸이 따뜻했다. 정녕 이것이 산신이 먹는 음식인가…….

대나무와 조릿대나무에 꽃이 피고 열매가 맺는 것은 드문 일이다. 대나무에 꽃이 피면 그해에 흉작이 들거나 기근이 들 전조라는 속설이 있을 정도이다.

실제로 대나무의 열매는 구하기 어렵지만 세심히 주의를 기울여 대나무 밭을 살펴보면 열매가 열린 것도 있다. 조릿대나무의 열매라도 좋을 것이다. 다만 최근에 조릿대나무의 열매에 제암(制癌) 효과가 있다고 해서 하늘 높은 줄 모르게 인기가 치솟고 있다. 신선이 되기 위해 먹던 죽실죽이 역시 효과가 있었음을 현대의학이 증명해준 셈이다.

도쿠가와 집안의 문양

일본은 대나무의 명산지인 만큼 대나무를 먹을거리로서 더 활용해보려는 노력을 기울여도 좋을 것 같다.

아오이와 아욱

우리나라에서는 아욱죽을 흔히 먹는다. 일본에서 아욱에 해당하는 것이 '아오이'(葵)이다. '아오이'라는 식물명은 도쿠가와(德川) 집안의 문양으로 유명할 뿐이며, 먹는 채소로는 낯설다.

그렇지만 나라시대의 문헌을 보면 분명히 채소로 먹었다는 구절이 보인다. 그러나 그 채소는 도쿠가와 집안의 문양인 '아오이'와 같은 식물이 아니었다.

『화명초』(和名抄)의 원예채소류에 "규 본초운규(葵 本草云葵. 音遷和名阿布比) 미감한 무독자야(味甘寒無毒者也)"라고 쓰여 있다.

'아오이'(葵)를 당시에는 '아후히'(阿布比)라고 읽었다는 것을 알 수 있다. '아후히'는 바로 오늘날의 '아오이'를 가리킨다.

『일본식물도감』에는 다음과 같이 적혀 있다.

오늘날 일본의 정원에서는 그다지 볼 수 없다. 단지 해변에 귀화식물로 살아남아 있을 뿐이다. 이것은 옛날에 도래한 품종이 남아 있는 것이다. ……조선과 중국에서는 채소로 밭에서 재배하며, 조선에서는 아욱이라고 한다.……

『엔키 나이젠시키』(延喜內膳式. 延喜式은 헤이안시대 중기인 927년에 완성된 법전. 內膳은 음식에 관한 내용을 적은 것을 가리킴─옮긴이)에도 '아오이'의 재배법이 적혀 있다. 옛날에는 일본에도 우리나라와 같은 아욱 요리가 있었음에 틀림없다.

앞에 나온 '아후히'라는 고대 일본어는 우리말의 아욱과 비슷하며, 아마 대륙에서 한반도를 거쳐 일본열도로 전래된 식물일 것이다. 그리고 한반도에서 불리던 명칭이 그대로 일본에 전래돼 비슷한 호칭이 됐다고 생각된다.

소책자 『공작정 통신』에 '조선식문화담'(朝鮮食文化談)이라는 칼럼을 연재했을 때 아욱 요리에 관해 썼더니 한 독자가 다음과 같이 지적을 했다.

……조선에서는 아욱국을 끓여 먹는다는 말입니다만, 여기에 쓰는 아욱은…… '이파리와 껍질을 까고……'라는 것은 '다치 아오이'(タチアオイ)인 듯합니다. '후타바 아오이'(フタバアオイ) 종류(간 아오이)는 뿌리에 진통, 진해, 진정작용이 있어 한방약에 쓰이는데 이파리와 줄기는 어떤지요? ……도쿠가와 집안의 문양도, '가모진자'(賀茂神社)의 문양도 '후타바 아오이'이며, 조선에서 귀화한 식물은 '다치 아오이'(소위 제라늄)인데, 이 두 종류를 혼동하고 있다고 생각합니다.……

나고야(名古屋)시에 사는 이마이 아키라(今井彰) 씨에게서 온 것이었다. 이마이 씨는 나비의 연구자로서 『나비의 민속학』(蝶の民俗學, 築地書館)이라는 훌륭한 저서를 쓴 분이다. '간 아오이'는 '기후쵸'(ギフチョウ. 학명 *Luehdorfia*. 일본에 서식하는 호랑나비 — 옮긴이)가 먹는 풀이기에 '아오이'에 관해 환히 꿰고 있었다.

나는 '다치 아오이'와 '간 아오이'가 다른 종류라는 점을 알지 못한 채, 단지 '아오이'라는 글자에 의지해 옛날에 한반도에서 전래돼 식용했으나 최근에는 먹지 않으며, 도쿠가와 집안의 문양으로만 알려져 있다는 요지의 글을 썼던 것이다.

우리나라에서 먹는 아욱은 확실히 '후유 아오이'(フユアオイ) 종류에 속하는 것이다. 지금도 식용재배하고 있다.

아욱은 죽을 끓이기도 하고 국에 건더기로 넣기도 한다. 같은 종류의 아욱을 일본의 나라시대에는 먹었는데 왜 재배가 끊기고 먹지 않게 됐는지 궁금하기 짝이 없다. 아직도 그 종류의 아욱이 어딘가 남아 있을 법도 한데…….

아욱죽 만드는 법을 보자. 끓는 물에 아욱을 살짝 데친 다음 그 물을 버리고 깨끗이 씻어서 다시 물을 붓고 끓인다. 간장 또는 고추장으로 간을 맞춰 미리 불려놓은 쌀을 넣고 끓인다.

겨울에는 국에 건더기로 넣어 먹어도 좋고, 무쳐 먹어도 달짝지근한 맛이 괜찮다. 맛이 있으니 밭에 심어 먹는 것이다. 게다가 이뇨제 효과도 높다. 오줌이 잘 나오지 않을 때나 임질을 치료하기 어려웠던 옛날에는 요도를 세척하기 위해 또는 신장결석을 흘려 내보내기 위해 아욱을 많이 먹었다고 한다. 또 모유의 분비를 촉진시켜 주기 때문에 산모들이 산후에 열심히 먹었다. 타박상으로 인한 내출혈에 아욱 씨의 가루를 술에 타 먹으면 빨리 사라진다고도 한다.

아욱은 한국의 식탁에서 지금도 훌륭한 채소로서 이용되고 있다. 이 식물이 어떤 이유로 일본의 식탁에서 사라졌는지 알 수 없지만, 애석하기 그지없다. 식생활을 재검토하자는 움직임이 일고 있는 오늘날, 이 기회에 다시 한 번 일본의 식탁에 아욱요리를 올리면 어떻겠는가?

도라지

일본에서 예전에는 먹었다가 지금은 쳐다보지 않는 채소 중에 또 하나가 도라지이다. 가을에 나는 일곱 가지 화초(七草)의 하나로서, 뿌리를 약용·식용했는데 언제부터인지 먹지 않게 됐다.

도라지는 우리나라에서 산채요리를 대표하는 요리 중의 하나이다. 도라지는 여름에 꽃을 피운다. 보랏빛 꽃이 많으나 흰 꽃도 핀다. 잎이 떨어지고 난 뒤 가을에 뿌리를 캐는데, 요리에 쓰는 것은 초봄에 싹이 나올 즈음의 뿌리를 쓴다.

먼저 도라지 생채를 만드는 법을 보자. 껍질을 긁어내고 물에 담가두었다가 새하얀색을 띠면 손으로 먹기 좋게 찢는다. 잘게 찢은 도라지를 소금으로 잘 문지른 다음 물로 헹궈 소금기를 빼고 꼭 짠다. 오이도 적당히 얇게 썰어 같은 방법으로 소금간을 했다가 물기를 짠다. 오이와 도라지에 고추장을 넣고 잘 버무려 잠시 두었다가 맛이 들면 먹는다. 고추장이 매우면 초된장을 넣고 무쳐도 괜찮다. 이렇게 삶지 않고 생으로 무친 도라지 생채는 그 향기가 독특한, 맛깔스런 요리이다.

또 먹기 좋게 찢은 도라지를 끓는 물에 소금을 넣고 살짝 데쳐 물기를 꼭 짠 뒤 프라이팬에 기름을 두르고 참깨, 소금, 후추, 참기름 등의 갖은 양념을 넣고 볶기도 한다. 쌉싸름한 것이 감칠맛이 있다.

이것이 도라지나물이다.

　도라지의 생채도 나물도 밥반찬은 물론이고 술안주에도 좋은 요리이다. 귀한 손님에게 도라지요리를 내면 정성껏 대접한 것이 된다. 재료가 산채라고 해서 결코 싸게 먹히는 요리가 아니다.

　구워먹는 요리법에 산적이 있다. 굵은 도라지를 반으로 갈라 말려두었다가 쓸 때는 물에 불려서 쓴다. 소고기, 파, 표고버섯, 고추(피망이나 꽈리고추도 괜찮음)를 차례대로 꼬치에 꿴다. 그 사이에 도라지를 꿰기도 한다. 가지런히 고정시키려면 보통 위아래에 두 개의 꼬챙이를 쓴다. 석쇠에 올려 굽거나 철판에 기름을 두르고 약한 불에서 지진다. 간장에 참기름, 깨, 후추를 넣은 양념장을 만들어 찍어 먹는다.

　또는 냄비에 산적이 잠길 만큼 물을 자작자작하게 붓고 간장과 설탕을 넣어 센 불로 우르르 끓여 여기에 산적을 넣는다. 그러면 맛이 배면서 동시에 익는 것이다. 국물이 졸아들면 참기름, 후추를 쳐서 먹는다. 일본에서는 '시치미'(七味)를 쳐서 먹어도 좋을 것이다.

　도라지는 향기가 뭐라 말할 수 없을 만큼 독특해 고기 맛을 더해준다. 손님을 대접할 때도 그만이고, 가정요리에도 색다른 맛을 즐길 수 있다.

　도라지 과자도 있다. 물에 담갔다가 데쳐 도라지의 떫은 맛을 우려내고 4~5센티미터로 잘라 물엿이나 설탕물에 졸인다. 어느 정도 졸아들면 꿀을 넣어 골고루 젓는다. 그러면 쫄깃쫄깃한 맛의 정과(正菓)가 된다.

왜 우리나라에는 도라지요리의 종류가 많을까? 결코 도라지가 많이 자생하고 있기 때문만은 아닌 것 같다. 국내에서 요리용으로 재배·생산하는 곳이 많은 것을 봐도 그렇다.

원래 도라지 같은 산채류의 뿌리는 구황식물(救荒植物)적인 요소가 강하다. 한반도의 오랜 역사 속에서 흉작이나 기근은 셀 수 없을 정도로 많았다. 그때마다 사람들은 초목의 뿌리나 열매를 찾아 먹고 목숨을 부지했던 것이다. 그 중에서도 도라지와 다음에 나오는 더덕은 맛과 향기가 좋은데다 영양가도 있고 약효까지 있어, 오늘날까지 계속 우리의 식탁에 오르게 됐을 것이다.

도라지의 약용효과 중에는 담을 없애주는 거담작용이 널리 알려져 있다. 감기에 걸려 기침이 나면 도라지요리를 먹으라는 것은 그 때문이다. 현재 시판되고 있는 거담제에 도라지에서 추출한 성분이 쓰이고 있다는 점을 봐도 그 약효를 알 수 있다. 또 도라지 뿌리가 인삼과 모양이 흡사해 인삼과 같은 약효를 기대하는 경향도 있었고, 실제로 얼마 전까지만 해도 도라지 뿌리를 인삼이라고 속여 파는 사람이 있을 정도였다. 이밖에 고름을 빼내는 작용도 있고, 설사나 복통에도 약효가 있다.

도라지 하면 아리랑과 함께 민요로서 널리 알려진, 애절한 가락의 「도라지타령」이 떠오르는데, 그 뿌리는 건강한 몸을 만드는 데 쓸모 있는 산채인 것이다.

약으로 먹을 때는 뿌리뿐만 아니라 새순이나 줄기도 무치거나 볶아 먹는다. 잎과 줄기, 뿌리를 여름철에 말려두었다가 겨울에 나물을 해 먹는 가정도 있다. 도라지꽃은 흔한 보랏빛 꽃보다 흰 꽃이 좋다고 하나 흰 꽃을 발견하기란 여간 어려운 일이 아니다.

일본에서는 꽃집에 가면 도라지 화분을 살 수 있다. 여름에 꽃을 피우니 관상용으로 기르다가 꽃이 지면 식용으로 먹어도 좋을 것이다. 집 마당에 직접 재배해도 좋으며, 또는 베란다에서도 키울 수 있다. 약용에 쓰는 뿌리는 2월 또는 8월에 캔 것이 좋다고 한다.

더덕

더덕은 도라지와 같은 도라지과에 속하는 식물로서 뿌리가 인삼과 아주 비슷해 일본에서는 '츠루닌징'(つる人蔘)이라고 한다. 더덕 또한 우리나라에서 흔히 먹는 산채이다. 한자로는 '사삼'(沙蔘)이라고 쓴다.

산중턱이나 경사지의 비교적 비옥하고 부엽토가 많은 그늘진 곳에서 주로 자생한다. 군생하는 성질이 있어 하나를 발견하면 반드시 그 주위에 줄줄이 있다.

봄에 새순이 나는 네 잎의 여러해살이풀인데, 넝쿨처럼 줄기가 가까이 있는 나무나 풀을 감고 올라간다. 8월부터 9월경에 짙은 자줏빛에서 남색에 가까운, 종 모양의 작은 꽃을 피운다. 정말 귀엽고 청초한 느낌이 드는 꽃이다.

이 꽃의 뿌리를 식용으로 먹는데, 4~5생은 껍질색이 거무죽죽해 먹는 음식으로 보이지 않지만 깨끗이 씻어 껍질을 벗기면 흰 살이 나온다. 향기가 좋고 살캉살캉 씹히는 맛이 아주 일품이다.

도라지와 마찬가지로 생채를 만들어 먹는다. 껍질을 벗겨 길게 반으로 잘라 칼등으로 두드려 잠시 물에 담가 떫은 맛을 우려낸다. 물기를 꼭 짜서 손으로 잘게 찢어 식초와 설탕으로 밑간을 한 뒤 다진 파와 마늘, 참기름, 깨소금을 넣고 무친다. 더덕생채는 밥반찬에는 물론, 별미로서 술안주에도 딱 좋다.

더덕구이도 또한 맛나다. 칼등으로 두드려 물에 담가 떫은 맛을 빼는 데까지는 생채를 만들 때와 같은데, 구이는 물기를 꼭 짠 뒤 양념장을 발라 석쇠에 굽는다. 도중에 고추장을 넣은 양념장을 묻혀 재벌구이를 한다. 불고기와 함께 먹으면 그 맛이 천하에 일품이다.

일본에서는 더덕을 먹지 않는 것 같다. 나중에 언급하겠지만, 더덕과 아주 비슷한 '츠리가네 닌징'(釣鍾人蔘)을 '도토키'(トトキ)

또는 '도도키'(トドキ)라고 해 일부 지방에서 먹는다.

도쿄에 더덕을 캐서 먹는 '도토키의 모임'이 있다. 신주쿠(新宿)의 어느 술집 단골들이 모여 만들었다. 이 술집은 1945년 이후 가건물시대 때부터 한 주인이 경영하고 있으며, 가게 이름은 '아즈마'(あづま)이다.

단골 중에 재일조선인 작가가 있어 그를 중심으로 해마다 4월 말쯤에 휴일을 택해 다카오산(高尾山) 주변으로 더덕을 캐러 나간다고 한다. 한마디로 더덕을 안주 삼아 술을 즐기는 모임인데, 벌써 몇 년째 계속하고 있다고 한다. 나도 몇 년 전 우연한 기회에 한 번 동행한 적이 있다. 더덕은 10~20센티미터 안팎의 덩굴 싹이 여기저기에 군생하고 있었다.

익숙한 이는 금세 한 자루를 캔다. 계곡 물에 뿌리를 잘 씻어 껍질을 벗겼다. 자, 이제부터 맛있는 요리를 만들 차례이다.

새로 돋은 연한 뿌리를 모아 얇게 썰어 양념장에 묻혀 구워먹고 튀김도 만들어 먹었는데 무척 맛있었다. 고기 굽는 냄새, 더덕을 튀기는 소리, 모처럼 교외에서 즐거운 한때를 보냈다.

나는 집에서 더덕을 재배하고 있다. 비결은 간단한데 그늘에서 재배하는 것이다. 집 뒷마당에 해당하는 북쪽의 울타리 벽 밑에 심고 철망을 쳐서 넝쿨이 올라갈 수 있도록 했다. 아침나절에 동쪽에서 태양이 올라올 때만 햇볕이 잠깐 든다. 이 정도로 충분하다. 웬

만큼 자란 넝쿨을 풀어 중간지점을 다시 땅속에 묻고 그 부분에서 또 뿌리가 내려 이듬해에 새순이 돋지 않나 하고 시험해 보고 있다. 부엽토와 그늘만 있으면 씨를 뿌려도 싹이 나온다.

더덕의 약용효과는 도라지와 매우 비슷해 거담제, 해독제 등에 이용된다. 또 위를 튼튼하게 하고 장운동을 활발하게 하는 데도 좋은 강장식품이기도 하다. 더덕을 말렸다가 만든 분말은 피부의 짓무름증이나 가려움증을 치료하는 데도 쓰인다.

이런 약효를 포함해 더덕에 관해 『조선식물지』(朝鮮食物誌)에 적었더니 어떤 여성 독자에게서 편지가 보내왔다.

다섯 살이 되는 조카가 있는데 내장이 약해서 그런지 피부가 짓물러 가려움증으로 우는데 너무 가여워서 보고 있을 수 없네요. 병원에서 약을 타다가 발라도 차도가 없습니다. 그래서 말인데 더덕을 먹으면 내장이 튼튼해진다고 쓰셨는데 어디서 구할 수 있는지요?

곤란해졌다. 산에 캐러 갈 수밖에 없는데 묘안이 떠오르지 않았다. 그 사람의 주소는 가와사키시(川崎市)였다. 가와사키시에는 한국요리의 재료를 파는 가게가 많다는 소리를 들은 적이 있어, 한국요리 재료상의 주소를 적고 집에 있는 더덕 한 뿌리를 같이 싸서 보냈다. 한참 있다가 또 편지가 왔다. 가게 사람과 이야기가 잘 돼서 특별 주문으로 더덕을 구하게 돼 기쁘다는 내용이었다. 치바(千葉)에 있는 가게 사람에게 주문했다고 한다. 더덕을 꿀에 재었다가 먹이려고 한다는 내용도 적혀 있었는데, 그 후 어떻게 됐는지 궁금하다.

이밖에도 산에서 캔 뿌리를 생으로 소주에 담그는 더덕술은 예로부터 약용술로 유명하며, 가정에서도 흔히 담가 먹는 술이다. 더덕으로도 도라지처럼 정과를 만들어 먹기도 한다.

신수(信州) 지방에 '도도키'(トドキ)라는 음식이 있다고 한다. 새순을 살짝 데쳐 나물처럼 먹는 것 같다. 그 지방의 민요에 "산에서 나는 맛나는 건 삽주(여러해살이 풀)에 도도키, 며느리에게 주기도 아깝지"라는 노래가 있을 정도이다(『野の花』, 佐竹義輔 편, 講談社).

이 '도도키'는 '츠리가네 닌징'을 가리키며, 더덕이나 도라지와 같은 도라지과 식물이다. 종 모양의 작은 보랏빛 꽃이 피며, 줄기는 넝쿨처럼 뻗어 올라가지는 않는다. 그래도 이들은 전부 친척관계이다. '츠리가네 닌징'을 신수 지방사투리로 '도도키'라고 한다는데, 아무래도 우리말의 더덕에서 간 것이 아닌가 싶다.

고대시대 한반도에서 많은 '도래인'(渡來人)이 신수 지방으로 건너갔다. 그들이 한반도에서 나는 산채·더덕과 아주 흡사한 일본의 '츠리가네 닌징'을 더덕과 구별하지 않고 '더덕'이라고 불렀고, 그것이 '도도키'로 변한 것이 아닐까?

왜냐하면 『고우지엔』(廣辭苑) 대사전을 들추어봐도 '츠리가네' 항목에는 "일본명 츠리가네 닌징, 별칭 도도키 닌징. 도도키, 사삼(沙蔘)"이라고 적혀 있으며, '더더키'에는 "①츠루닌징, ②츠리가네 닌징"이라고 적혀 있어, 확실히 두 식물을 같은 명칭으로 혼동하고 있음을 볼 수 있다.

이런 실수는 아마 우리의 더덕이 일본에 알려지는 과정에서 더덕과 아주 흡사한 식물을 혼동해서 같은 명칭으로 부르게 된 결과일 것이다. 만약 그렇다면 먹는 방법이 우리나라에서부터 전해졌음을 역으로 증명할 수 있을 것이다. '츠리닌징'은 일본에 전국적으로 분포하는 산채이다. 일본에서도 뿌리를 식용으로 먹는 것을 좀더 고려해 봤으면 싶다.

상추와 쌈

우리 식탁의 이채로운 요리에 쌈이 있다. 생상추에 밥을 얹고 고추장 등으로 만든 쌈장을 조금 발라 상추잎을 잘 싸서 통째로 입에 넣는다. 볼이 미어질 정도로 한 입 가득 넣고 먹는 음식이다.

신선한 채소를 생으로 먹는 점도 특이하지만, 상추에 밥을 싸서 먹는 방법은 다른 지역에서는 찾아볼 수 없는 양식이다. 상추뿐만

이 아니라 깻잎이나 콩잎, 삶은 양배추, 살짝 찐 어린 호박잎, 김, 때로는 데친 생미역 등이 쌈밥의 재료가 된다.

이 상추쌈은 꽤 옛날부터 먹었던 것 같다. 상추를 먹게 된 것은 고구려 때로, 사신이 중국 수나라에서 가지고 왔다고 한다. 고구려 사신이 수나라에서 상추를 처음 보고 사려고 하자 굉장히 비싼 가격을 불렀던 모양이다. 그래서 천금을 주고 사온 채소라는 의미로 '천금채'(千金菜)라고 불렀다고 한다. 이런 내용이 이익의 『성호사설』(18세기 중엽)에 적혀 있어 고대부터 상추를 먹었음을 알 수 있다.

『성호사설』은 실학사상가 이익(1681~1763)이 약 40년에 걸쳐 책 등을 통해 알게 된 것이나 의문스럽게 여기던 점을 정리해 엮은 것으로, 나중에 그 자손이 정리해서 책으로 펴낸 것이다. 음식이나 풍속에 관한 내용이 많이 실려 있다.

상추는 국화과에 속하는 식물이며, 영어로 '레터스'(lettuce)라고 한다. 오늘날 시장에 나도는 양상추도 상추의 친척이다. 서양에서도 양상추를 생으로 먹는데, 동양의 우리나라에서도 같은 국화과의 상추를 생으로 먹는다는 것은 흥미로운 사실이다.

그것은 이 채소가 생으로 먹기에 적당한 몇 가지 특징을 가지고 있기 때문일 것이다.

먼저 잎이 연해 아삭아삭 씹히는 맛이 좋다. 또 재배할 때 벌레가 잘 꾀지 않는다. 이는 특기할 만한 사실이다. 재배기술이 발달한 현대라면 이야기가 다르겠지만, 농약도 제대로 없던 옛날에 밭에서 벌레 먹지 않은 채소를 거둬들일 수 있었던 것은 경이로운 일이었음이 틀림없다. 오늘날에도 무농약이나 유기농법으로 지은 채소에 벌레 먹은 자리가 확연히 남아 있으면 그다지 기분이 좋을 리 없다. 그렇지만 요즘은 오히려 그런 채소일수록 자연식품으로 인기가 있을 정도로 농약에 찌든 채소를 시장에 내놓는 것이 현실이다.

하여튼 상추는 예로부터 한눈에 신선하고 청결감을 주는 채소였다. 천금이라는 터무니없는 가격을 부른 수나라 상인의 기분을 알 것 같다.

벌레가 잘 꾀지 않는 것은 아마 상추의 성분인 레터스오피움(또는 락타카륨) 때문인 것 같다. 상추와 민들레의 줄기나 잎사귀를 자르면 단면에서 흰 우유와 같은 즙이 나오는데 그 안에 이 성분이 많다고 한다. 상추에 벌레가 잘 꾀지 않는 사실은 내가 실제로 경험한 일이다. 밭에 배추, 무, 양배추와 더불어 상추 씨를 뿌리고 그 모양을 관찰하니 역시 상추에만 벌레가 꾀지 않았다.

나비나 모기의 유충이 배추, 무, 양배추 잎은 형태도 남김없이 먹어치우지만, 상추는 거들떠보지도 않아 잎이 깨끗한 상태로 남았다. 다만 상추도 흰 우유 같은 즙의 성분이 적은 어린 잎은 벌레가 무차별하게 먹어버렸다. 그러나 잎이 커지면 벌레가 상추만을 남겨

놓는다. (가끔 가다 주위에 먹을 것이 없어지면 벌레가 상추를 먹는 경우도 있었다.)

예로부터 상추쌈을 먹으면 잠이 온다고 했다. 찬밥을 생야채에 싸서 먹는 쌈밥은 보통 점심에 많이 먹는다. 맛이 있어 배부르게 먹으니 졸음이 오는 것은 당연하지만, 또 하나 상추에 함유되어 있는 레터스오피움 성분에는 진정작용을 가져오는 약효가 있다. 육체노동을 한 뒤 점심에 배부르게 상추쌈을 먹고 한잠 푹 자고 나서 또 한바탕 일을 하기에는 딱 좋은 음식이다. 하루에 해야 할 작업량이 많았던 농민이나 노동자들에게는 그런 대로 필요한 음식이었다고 하겠다.

1982년 봄과 가을에 두 번 중국을 여행했다. 봄에는 상하이, 난징(南京), 양저우(揚州), 쑤저우(蘇州)의 양쯔강 주변 즉 화중 지방을 갔고, 가을에는 실크로드인 우루무치(중국 신장자치구의 수도), 투루판, 둔황(敦煌), 란저우(蘭州) 지방을 둘러봤다. 물론 북경에도 들렀다. 어디를 가나 한족이 요리용으로 쓰는 상추가 시장에 나와 있었다. 위구르족, 회족 등 소수 민족의 전통요리에는 상추가 쓰이지 않는다.

그러나 먹는 방법은 우리와 전혀 달랐다. 연한 잎 부분은 잘라 돼지에게 줘버린다는 것이다. 쑤저우 지방에서 밭에 있던 농민에게 직접 물어봤더니 잎 부분을 소금에 절여 먹기도 하지만 주로 굵은 줄기를 볶아서 먹는다고 했다. 그런데 상하이의 시장에 나와 있는 상추는 잎을 주로 먹는 품종이었다.

　그해 가을에 북경에서 실크로드로 갔을 때는 어디를 가나 채소가게에 굵직한 상추줄기가 나와 있었는데 잎 부분을 거의 잘라버려 조금만 붙어 있었다.

　둔황에서는 시장에서 상추를 사 가지고 호텔에 돌아와 '상추요리'를 만들어 달라고 부탁했더니, 마침 그날 저녁에 상추줄기볶음이 나왔다. 상추줄기를 작게 깍둑썰기처럼 썰어 햄 등을 넣고 볶았는데 한눈에 샐러리처럼 쓰이는 것을 알 수 있었다. 사각사각 씹히는 맛이 맛난 무를 먹을 때와 비슷했다.

　내가 사 가지고 온 재료로는 줄기 껍질을 벗기고 얇게 썰어 식초에 버무린 요리를 만들어주었다. 드레싱 소스를 뿌리면 서양요리에도 잘 맞을 것 같았다. 이 상추줄기 요리를 먹고 나서 이런저런 생각이 들었다. 고구려 때 중국에서 구해온 천금채였는데 어찌해서 먹는 방법이 이렇게 다르게 됐는가 하고 말이다.

　일식 전문가인 오쿠무라 아야오(奧村彪生) 씨를 만났을 때, 일식에 상추줄기를 이용한 요리가 있느냐고 물어봤더니 그는 바로 있다고 대답했다. 내가 몰랐던 것 같다. 그렇지만 우리나라에는 상추줄기 요리가 없다.

　고려시대에 원나라의 지배를 받았을 때 상추를 밥에 싸서 먹는 방식이 거꾸로 대륙의 원나라에 전해졌다는 사실이 『해동역사』(海東繹史)에 적혀 있다. 그래서 옛 만주의 궁중요리에는 생야채의 쌈요리가 확실히 들어 있다.

최근 일본에 나도는 상추인 '사니 레터스'도 잎을 먹는 품종이다. 오늘날 일본의 각 가정에서도 '사니 레터스'를 양식 사라다에 넣어 먹기도 하고, 밥을 볶아 싸먹거나 고기를 구워 싸먹는 등 많이 먹게 됐다. 그렇지만 상추를 순한국식으로 먹으려면 된장에 참기름과 간장 등 갖은 양념을 넣고 잘 섞어 각자 기호에 맞게 고춧가루를 넣고 쌈장을 만들어 밥을 싸먹어야 제맛을 알 수 있다.

그런데 생야채에 밥을 싸서 먹는 방식은 결국 숟가락문화의 산물이라고 하겠다. 손바닥에 상추잎을 올리고 여기에 숟가락으로 밥을 한 숟갈 퍼서 올린 다음 쌈장을 숟가락으로 떠 넣고 잎을 잘 싸서 입에 넣는다. 입을 크게 벌리지 않으면 먹을 수 없는 요리인데 젓가락만 가지고는 제대로 먹을 수 없다.

쌈밥은 쌀을 주식으로 하는 민족이 밥과 생야채를 잘 조화시킨 아주 독특한 요리라고 하겠다. 숟가락과 쌈장을 쓰는 이 요리를 일식에도 적극적으로 받아들이면 좋겠다.

민들레와 드레싱 소스

민들레는 산채로서 가정요리에 흔히 쓰인다. 길가에 노란 꽃을 피우는 들풀을 맛있게 그것도 생으로 먹는다면 일본에서는 인상을 찌푸릴 사람이 있을지도 모르겠지만, 우리의 식탁에는 자주 오른다.

이른봄이나 가을에 민들레잎을 캐다가 깨끗이 씻어 간장에 식초, 참기름, 고춧가루, 설탕 등을 넣고 양념장을 만들어 잘 무치면 향기와 맛, 사각사각 씹히는 색다른 맛의 생야채요리를 만들 수 있다. 밥반찬에도 좋고, 정종이나 맥주안주로서도 계절감을 더해주는 데 제격이다.

민들레는 일본에서도 예로부터 먹었다. 봄과 가을에 나는 연한 잎을 살짝 데쳐 물에 담갔다가 무침이나 나물처럼 해서 먹는다. 서양요리에도 많이 사용되는데, 프랑스요리에 민들레 드레싱 소스가 있다.

잘 자란 민들레 뿌리를 상자에 꽉 차게 담아 따뜻하고 어두운 곳에서 발아시킨다. '땅두릅'의 재배법과 비슷하며, 일종의 콩나물과 같은 것이다. 연하고 흰 민들레잎을 사다 드레싱 소스의 재료로 쓴다. 그대로 마요네즈를 찍어 먹어도 색다른 맛을 즐길 수 있다.

생야채나 무침, 나물 같은 것이 입에 맞지 않으면 찌개에 넣어 먹어도 좋다. 된장찌개에 데친 민들레 잎을 넣어 먹기도 한다.

민들레의 약용효과

채소로 취급하지 않기 때문인지 일본의 '식품표준성분표'(食品標準成分表)에는 민들레가 들어 있지 않다. 채소의 가치를 나타내는 비타민이나 무기질 등의 성분이 분명히 들어 있을 터인데, 분석한 자료가 없으니 얼마만큼 들어 있는지 확실히 알 수 없다.

그러나 약용효과는 예로부터 언급돼 왔다. 벌레가 잘 꾀지 않는 점은 상추와 같은 흰 우유 같은 즙이 나오기 때문인지도 모르겠다. 이 흰 즙은 뿌리에 많다. 우리나라에서는 예로부터 잎은 식용으로 뿌리는 약용으로 구별해 썼다.

특히 꽃을 피우기 전의 뿌리를 말린 것을 '포공영'(蒲公英)이라고 해서 한방에서는 해열, 발한, 이뇨, 촉유(促乳), 건위(健胃)에 좋다고 했다. 약용으로 쓸 때는 잎이 달린 채로 캐서 뿌리는 말리고 꽃은 술을 담가도 좋다.

민들레의 한방 약효 중에 특히 촉유, 건위, 강장작용은 예로부터 전해오는 요법으로서 실생활에 흔히 이용됐다. 산모의 젖이 잘 나오지 않으면 생 민들레 요리를 부지런히 먹어 아기에게 젖을 충분히 주려고 애썼다고 한다.

소화불량이나 변비 등의 소화기 계통에 잘 듣는다는 것은 위를 튼튼하게 한다는 말이다. 특히 위궤양이나 만성적인 위약(胃弱)과 같은 증상에는 잎을 생으로 무쳐 먹어도 좋고, 말린 뿌리를 달여 먹어도 좋다고 해 민간에서 널리 이용됐다.

오늘날은 육아법이 발달한 시대이니 촉유 효과는 제쳐두고, 위궤양이나 만성적인 위병과 같은 현대 성인병을 예방하고 치료하려는 사람들에게는 반가운 이야기가 아닐 수 없다. 약을 먹지 않고 채소를 적극적으로 먹기만 하면 증상이 좋아질 테니 말이다.

민들레술 담그는 방법을 보자. 꽃이 피었을 때 캐어 꽃과 뿌리를 잘 씻어 물기를 말린 뒤 그 양의 2~3배의 소주를 붓고 3주일쯤 두면 민들레의 약성분이 알코올에 추출돼 나온다. 숙성시키는 의미에서 한 달 이상 두면 좋다. 마시기 좋게 설탕이나 꿀을 적당히 타서 입에 맞게 해서 마시는 것도 하나의 방법이다. 그대로 마시지 말고 다른 술을 섞어 칵테일을 만들어 먹어도 좋을 것이다.

민들레 술은 강장과 정력에 좋은 비약으로서 널리 인정받고 있는 술이다.

현대인의 식생활에 꼭 맞는 채소

자연환경이 점점 나빠져 들풀이나 산채를 예전만큼 찾아볼 수 없게 됐지만, 민들레는 그렇지도 않은 듯하다. 짓밟혀도 눌려도 꿋꿋이 새순이 돋고 노란 꽃을 피우며, 흰 솜과 같은 씨가 바람에 날려 또 다른 곳에 자리잡으려고 날아간다. 민들레의 품종도 예전에 비해 싹 달라졌다고 한다. 일본의 재래종은 크게 세 종류이다. 간토(關東) 지방의 민들레, 간사이(關西) 지방의 민들레, 간사이 지방의 서쪽에 많이 자생하는 흰꽃 민들레이다.

그러나 최근의 도시 주변에 나는 민들레는 소위 서양민들레라 불리는 품종으로서 대개가 유럽종의 귀화품종이다. 잎의 형태나 풍미가 재래종과 좀 다른 것 같지만 어느 쪽이든 다 훌륭한 식용 채소이다. 프랑스요리에 민들레사라다가 있을 정도이니 나물처럼 삶아 무쳐 먹는 것보다 오히려 사라다 요리에 적합할지도 모르겠다.

일본에서는 식생활에 생야채가 꽤 보급됐다. 생야채로 먹으려면 우선 재료가 신선하고 청결해야 한다. 이 때문에 채소를 재배할 때도 주의를 기울이고 있다. 비료를 뿌리는 것은 물론이고, 벌레가 끓지 않도록 농약을 치는 경우가 많다. 날로 먹지 않는 채소에 농약과 비료를 사용하는 것은 당연한 일처럼 됐다.

이런 때 비료나 농약의 신세를 지지 않은 민들레를 캐다가 사라다 요리를 만들어보는 것은 신선한 생활감각이라고 할 수 있지 않겠는가? 식용에 적당한 민들레는 조금만 주의해서 찾아보면 쉽게 발견할 수 있다. 반드시 길가에 밟힌 것을 캘 필요는 없다. 잡목 숲의 양지바른 곳이나 강둑, 밭두렁에 얼마든지 있다. 꽃과 뿌리는 약용술을 담그고, 잎은 사라다를 만들어 먹으면 식탁의 지혜가 될 것이다.

　위궤양이나 만성적인 위병은 스트레스가 쌓이기 쉬운 현대사회에서 가장 발병하기 쉬운 성인병이라고 할 수 있다. 민들레는 이런 병을 잘 낫게 한다. 자연산 민들레를 캐다가 그대로 식용으로 먹는 것이 성인병을 예방하는 건강관리법이 된다고 하니 꼭 시도해 보면 좋을 듯싶다.

깻잎

　일본에서는 깻잎을 '에고마'(荏胡麻)라고 한다. 그냥 '에'(荏)라고도 불렀다. '에바라'(荏原) 같은 지명은 옛날에 들깨가 무성하게 자라던 지역이라는 의미에서 온 것이다. '에가와'(荏川)라는 강이름도 이 지명에서 유래했다고 한다.

　일본열도에 이 식물이 번성했을 즈음에는 식용작물로서 '에고마' 즉 깻잎을 빼놓을 수 없었을 터인데, 오늘날에는 거의 찾아볼 수 없게 됐다.

　자소과(紫蘇科)에 속하는 깻잎은 일본에서 '우메보시'(매실 장아찌)를 담글 때 넣는 짙은 자주색의 '시소'(紫蘇)와 같은 종류이다. 색이 푸르다는 것만 다를 뿐이다. 일본에서 파란색의 '아오시소'

(青紫蘇)는 회나 고급요리에 쓰이는데, 깻잎은 일본의 '아오시소'와 거의 비슷해 구별할 수 없을 정도이다. 그렇지만 아주 똑같지는 않으며, 깻잎이 좀더 두껍고 팽팽하며 씹히는 맛이 좋고 진한 향기가 각별하다.

우리의 식탁에서는 예로부터 깻잎을 흔히 썼다. 먹는 방법을 보자.

먼저 잎을 생으로 먹는 방법인데, 봄에 싹이 나와 5월 말경에 적당한 크기로 자라면 잎을 따서 먹는다. 큰 잎을 한번에 많이 따버리면 개화나 결실에 지장이 있지만 들깨를 먹을 양이 아니면 계속 잎을 따먹어도 상관없다. 상추와 마찬가지로 밥을 싸먹거나 양념장을 만들어 한 장씩 재었다가 사라다처럼 먹기도 한다. 현대풍으로 먹자면 마요네즈를 찍어먹어도 아주 맛있다.

기름에 튀겨 먹는 방법도 있다. 찹쌀가루로 풀을 쑤어 옷을 입혀 튀긴다. 옷을 입힐 때 양면을 다 입히지 않고 한 면만 입힌다. 일본에서 '시소'를 튀길 때도 같은 방법으로 튀긴다. 그렇지만 양면에 듬뿍 옷을 입혀 튀겨도 좋으며, 찹쌀 풀을 쑤는 것이 귀찮으면 밀가루를 입혀 튀겨도 괜찮다. 깻잎의 독특한 향기를 살린 메뉴이다.

깻잎이 많아 다 먹지 못할 경우에는 깻잎김치를 만들어 두었다가 언제든지 꺼내 먹는다. 일본의 재일동포 가정에서도 잘 만들어 먹는다.

만드는 법은 깻잎을 깨끗이 씻어 마른 행주로 물기를 잘 닦아둔다. 간장에 참기름, 고춧가루, 다진 마늘, 참깨를 넣고 한 번 우르르 끓인 다음 불을 끄고 식힌다. 그릇에 깻잎을 몇 장씩 포개 양념장을 적당히 뿌린다. 다 만들면 밀봉해서 냉장고에 보존한다. 일주일쯤 지나 맛이 배면 필요할 때마다 꺼내 밑반찬으로 먹는다. 향기가 독특해 여름철에 입맛이 없을 때 먹기 좋다. 술안주로도 좋고 맥주나 위스키 같은 술에도 잘 맞는 음식이다.

또 죽을 쑤거나 미음을 만들 때 넣어도 좋다. 고령자를 위한 죽이나 환자들이 먹는 미음에 깻잎을 채 썰어 곁들이면 향긋하고 담백한 맛이라서 다들 좋아할 것이다.

여름에 흰 꽃을 피우고 나서 초가을에 씨를 턴다. 이 들깨가 또 맛있다. 유채꽃씨만한 크기여서 간단히 채취할 수 있다. 들깨를 갈아서 쌀뜨물과 함께 국을 끓이면 고소한 향내가 그대로 살아 있다. 이 국을 죽과 섞어 먹어도 좋다. 지방이 많이 들어 있어 고칼로리 식품이기도 하다.

들깨를 그대로 두면 꽤 장기간 보존할 수 있어 옛날에는 구황식물로서 홍수나 가뭄에 대비해 비축해 놓곤 했다. 일본에서는 얼마 전까지만 해도 '가라가사' (唐傘. 일본의 전통우산 — 옮긴이)를 만드는 데 들기름을 이용했다고 한다. 양산이 보급돼 들기름의 수요가 끊기자 들깨의 재배도 쇠퇴한 것이다. 이것이 깻잎이 식용작물에서 탈락된 큰 요인이라고 하겠다. 양산이 밭에서 깻잎을 몰아낸 격이다. 그런 점에서 시대변화의 물결에 휩쓸려 사라진 작물인데, 애석한 느낌이 든다.

현재 일본에서는 깻잎과 비슷한 '아오시소'가 식탁에 자주 오르게 됐는데, 이 시점에서 옛날에 먹던 깻잎을 다시 한 번 먹을 수 있도록 그 방법을 모색해보는 것도 의미 있는 일인 듯싶다.

깻잎의 재배법은 간단하다. 좁은 공터에 씨만 뿌려놓으면 잘 자란다. 공터가 없으면 상자에 씨를 뿌려 베란다 같은 곳에 두어도 쉽게 기를 수 있다. 비료나 농약 따위에 신경을 쓰지 않아도 된다. 물론 비옥한 토지에서 기르는 것이 제일 좋겠지만, 햇볕이 잘 들지 않더라도 훌륭한 깻잎을 얻을 수 있다.

만약 집안에서 기르면 향긋하고 신선한 깻잎을 바로 따다가 상에 올릴 수도 있다. 그러면 일상적인 식탁에 색다른 정취를 느낄 수 있을 것이다.

요즘은 생선회도 그렇고 거기에 곁들이는 채소도 뭐든지 슈퍼마켓에 가면 간단히 살 수 있는 시대이다. 그래도 집에서 손수 재배한 채소가 한두 가지 있으면 더더욱 좋을 것이다. 그런 채소로서 기르기 쉬운 깻잎을 다시 한 번 복권시켰으면 싶다.

한국의 맛 김치

김치는 우리 식탁에서 빠뜨릴 수 없는 맛이다. '밥과 김치' 하면 찬이 없는 밥을 일컫지만, 거꾸로 말하면 김치가 식사 때마다 반드시 나온다는 말이다.

일본에 한국음식점이 생기면서 한국요리가 알려지게 됐다. 그 중에서도 조선식 '쓰게모노'(浸物)인 김치와 '야키니쿠'(燒肉)는 일본의 식생활에 가장 익숙해진 맛이기도 하다.

지금은 일본에서 '이치야 즈케'(一日漬. 하룻밤 소금에 절인 야채 — 옮긴이)의 한 종류로 취급되고 있으며, 어느 슈퍼마켓이나 식료품점에서도 볼 수 있는 상품이 됐다. 바야흐로 한국의 '김치문화'가 한창 인기가 있다.

김치는 한자로 '침채'(沈菜)라고 쓴다. 소금에 절인 채소라는 의미이다. 가을에 11월경이면 농촌은 물론이고 도시 일각에서도 일제히 김장 준비로 분주해진다. 혹독한 겨울을 대비한 연중행사이다. 한반도는 대륙성기후에 속해 겨울이 길고 추위가 혹심하다. 겨울에 손에 넣기 어려운 채소를 김치 형태로 대량 저장했다가 매일 꺼내 밥반찬으로 해서 이듬해 봄까지 먹는다. 김치는 겨울의 저장채소로서 필요한 음식인 것이다.

최근에는 채소의 재배법이나 저장법이 발달해 따뜻한 지역에서 수송해오기도 쉽게 됐고, 유통수단도 옛날에 비해 상전벽해(桑田碧海)를 느끼게 할 정도로 발달해 겨울에도 신선한 채소나 과일을 손쉽게 얻을 수 있는 세상이 됐다. 그래도 초겨울의 풍물인 김장은 지금도 옛날과 다름없는 풍경을 보여주고 있다.

김치의 역사

삼국시대 때 고구려에서 김치와 같은 것을 만들어 먹었다는 기록이 있으나 어떤 재료를 어떻게 담갔는지는 확실치 않다.

고려시대 중기에 시인 이규보(1168~1241)가 지은 시 가운데, 다음과 같은 구절이 보인다.

무⋯⋯여름에는 간장에 절여 먹고 소금에 절여 겨울에 대비하다
菁⋯⋯得醬尤宣三夏食 漬鹽堪備九冬支

청(菁)은 무 종류를 가리킨다. 무를 간장에 절여 여름에 먹었다는 것은 현재 장아찌이며, 소금에 절여 겨울에 대비했다는 것은 오늘날 김치의 원형을 가리킨다.

이때의 김치는 무나 총각무 같은 것을 간단히 소금에 절인 것이었다. 지금처럼 젓갈 등의 동물성 식품을 넣거나 매운 맛의 고추를 사용하지 않았다. 당시에는 아직 한반도에 고추가 전래되기 전이었다.

그런데 이달충(李達衷. ?~1385)의 시에 '염지료화릉'(鹽漬蓼和菱)이란 구절이 보여, 마름(菱)과 함께 매운 맛을 내는 야채인 여뀌(蓼)를 소금에 절여 먹었다는 것을 알 수 있다. 매운 채소로 담근 김치를 옛날부터 먹었을지도 모르겠다. 오늘날 한국요리를 대표하는 것처럼 받아들여지고 있는 빨갛고 매운 고추가 김치에 사용되는 배경에는 매운 채소로 담근 김치를 먹던 전통이 있었다고 보인다.

이즈음의 김치는 무를 통째로 넣고 동치미처럼 담그거나 물기를 빼고 간장에 절인 장아찌가 주류를 이루었다. 오늘날의 김치처럼 고춧가루, 젓갈, 생선, 고기, 과일 등의 맛이 어울린 깊은 맛의 김치가 출현하는 것은 식생활이 다양해지는 조선시대 이후의 일이다.

특히 17세기를 전후해 전래된 고추가 약 100년에 걸쳐 우리의 식생활에 깊숙이 뿌리를 내리게 되면서 김치와 고추장 같은 보존식품에 고춧가루가 이용됐다. 김치 소에 고기나 생선, 젓갈을 넣을 수 있게 된 것은 김치에 사용되는 고춧가루의 매운 성분인 캅사이신에 지방의 산화작용을 억제하는 요소가 들어 있기에 가능했던 것이다.

김치의 가치

겨울에 신선한 채소를 보충하기 위한 보존식품인 김치는 혹독한 겨울을 살아야 하는 지역에서 갖가지 형태로 나타난다. 일본에도 각종 야채를 소금에 절인 '쓰케모노' 종류가 많다. 유럽에도 양배추로 담근 '샤워클라우트'와 오이피클 같은 김치 종류를 볼 수 있다.

여기서 알 수 있는 것은 김치 종류는 원래 겨울에 먹는 음식이었다는 점이다. 김치는 채소를 저장하고 보존하기 위한 수단이지, 채소를 맛있게 먹는 방법은 아니었던 것이다. 그런데 채소를 소금에 절여 저장하는 방법은 싱싱한 채로 오래 보존할 수는 있으나 일종의 발효현상이 일어난다. 결국 김치는 채소를 저장하려는 목적으로 고안된 발효식품이라고 할 수 있다.

김치와 유산균

이 발효작용이 일어남으로써 실로 김치의 식품가치가 높아지는 것이다. 채소를 소금에 절여두면 그 안에서 미생물인 유산균이 증식하게 된다. 유산균은 사람의 장에 이롭다고 알려져 있다. 어떤 유산균 종류를 살아 있는 채로 첨가한 유산균음료가 상품화돼 시판되고 있는 것도 유산균이 사람의 몸에 좋기 때문이다.

김치의 재료가 되는 채소에는 자연산 유산균이 부착돼 있다. 우유나 요구르트에 들어 있는 유산균과는 다른 종류이다. 그렇지만 같은 유산이라는 물질을 만들어내는 유산균임은 틀림없다. 이 유산균이 사람의 장 속에 들어가 요구르트의 유산균처럼 이로운 작용을 하리라는 점은 충분히 기대할 수 있다. 그런 의미로 김치가 건강식품이라고 일컬어지는 것이다.

김치와 비타민

　그뿐만 아니라 김칫국물에는 비타민과 아미노산의 영양성분이 새로 생겨난다. 유산균을 비롯한 눈에 보이지 않는 많은 종류의 미생물이 이러한 유효성분을 만들어내는 것이다. 원래 신선한 채소에 있던 양보다 더 많은 비타민 B_1과 B_2, 니코틴산이 생성되고, 때로는 비타민 B_{12}까지 생성되기도 한다.

　비타민 A와 C는 미생물의 작용으로 생성되지 않는 물질이기 때문에 김치가 발효됨에 따라 서서히 감소하지만 어느 정도 함유량은 유지된다.

　김치는 비타민의 공급원으로서 채소로 그냥 먹을 때와는 다른 부가가치를 높여준다. 비타민 B_{12}는 악성빈혈을 막아주는 물질로 잘 알려져 있다. 이 성분을 함유하고 있는 식품은 그리 많지 않다. 그런데 김치가 발효되는 과정에서 미생물에 의해 비타민 B_{12}가 만들어지는 것이다. 특히 해산물에 부착돼 있는 균 중에 B_{12}를 만들어내는 것이 있다. 김치에 젓갈을 넣을 때 이 미생물이 따라 들어가 김치가 발효되면서 B_{12}를 만들어낼 가능성이 크다.

　김치뿐 아니라 채소를 소금에 절여 발효식품으로 만들면 이런 영양가치가 나온다는 말이다. 이것을 물에 씻거나 짜서 먹으면 각종 비타민은 물론이고 유산균 등이 씻겨내려가 버린다. 채소를 소금에 절였다가 씻어 먹으면 그 영양가치를 버리는 셈이다.

그런데 일본의 '쓰케모노'는 대개 물에 씻거나 짜서 먹는다. 이에 비해 우리는 김치를 씻거나 짜지 않고 국물 채로 먹는다. 이는 식품의 영양가치를 살린 합리적인 방식이라고 하겠다.

김치의 국물을 이용할 목적으로 만드는 물김치도 있다. 동치미는 무와 소금과 물만으로 만든, 맵지 않은 김치이다. 고추가 전래되기 전부터 있었던 김치 종류인데, 유산균과 비타민을 섭취할 수 있다는 의미에서 뛰어난 음식이다.

김치 맛

김치 맛은 유산균에 의해 결정된다. 즉 김치 맛이란 유산균에 의해 만들어지는 물질인 것이다.

일반적으로 김치에 맛이 들었다, 맛이 들지 않았다는 표현을 쓸 때 그 맛의 결정적인 요소가 되는 물질의 주체가 바로 유산인 것이다. 김치가 맛있다고 느낄 때는 이 유산의 양이 많아져 적당한 신맛을 낸다. 김치가 적당히 익어 유산이 가장 많아졌을 때가 가장 먹기 좋을 때이다.

그렇지만 이 시기는 가만히 멈춰 있지 않는다. 발효가 더 진행되면 유산균과는 다른 작산(酢酸)이 만들어진다. 작산은 식초와 같은 물질이다. 작산의 신맛은 유산보다 훨씬 강해서 먹으면 저절로 인상이 찌푸려질 정도로 너무 시다. 신김치는 이 작산이 증가했음을 의미한다.

김치에 작산이 증가해 너무 시게 느껴질 때는 고기 특히 기름기가 많은 돼지고기와 함께 프라이팬에 볶아 먹으면 맛있다. 신맛과 기름이 섞여 맛을 서로 보충해준다. 묘하게 돼지고기맛도 덜 느끼하고, 김치의 신맛도 덜 시게 느껴진다.

김치와 밥

또한 김치는 소화작용을 도와준다. 대개 김치를 담그는 채소류에는 섬유질이 많이 포함돼 있다. 이 섬유질이 위장에 있을 때는 위와 장이 활발하게 움직인다. 섬유질은 인간의 소화액으로는 분해되지 않는다. 따라서 소화시키려는 움직임이 한층 강하고 활발해지는 것이다. 특히 장의 연동운동을 오래 지속시킨다고 한다.

그 결과 밥이나 고기 같은 다른 음식물도 더불어 잘 소화할 수 있게 돼, 채소와 함께 먹은 효과가 나오는 것이다. 이는 김치에만 한정된 이야기가 아니라 채소류에는 전부 섬유질이 많이 포함돼 있다.

게다가 김치에는 매운 고추나 마늘 등의 양념이 들어 있다. 고추의 매운 성분인 캅사이신은 소화샘을 자극한다. 지나친 자극은 위장에 좋지 않지만 적절한 자극은 소화액의 분비를 촉진해, 밥과 반찬이 잘 소화되도록 도와주고 식욕을 증진시켜준다.

처음에 '밥과 김치'라는 말이 가장 소박한 우리의 밥상을 가리키는 말이라고 적었는데, 김치가 꽤 영양가도 있고 밥과 잘 어울리는 짝임을 새삼스레 알 수 있다. 쌀밥은커녕 보리밥조차 제대로 먹을 수 없던 시절에 김치는 채소를 겨울에 먹기 위한 보존식품이었지만, 알고 보면 귀중한 영양가의 보고였던 것이다.

지금 일본의 식탁에서 김치에 대한 가치는 점점 변하고 있다. 김치뿐만 아니다. '쓰케모노' 전반에 걸쳐 그렇다고 할 수 있다. 채소를 저장해서 겨울 동안에만 먹는 음식이 아니라 채소를 맛있게 먹는 조리법의 하나로서 받아들여지고 있는 것이다.

우리의 오랜 역사와 풍토 속에서 태어난 식품 중의 걸작이라고 할 수 있는 김치가 앞으로 식생활이 변화되는 가운데 어떻게 그 위치를 유지하고 발전해 나가는지 지켜보고 싶다.

과 일

복숭아

현재 한반도에서 나는 과일 중에 과일은 뭐니 뭐니 해도 사과일 것이다. 그렇지만 한반도 전역에 사과가 들어온 것은 근세이며, 옛날에는 사과 같은 과일이 없었다. 고대부터 우리나라의 대표적인 과일은 복숭아, 자두, 살구, 밤, 대추였다. 이 과일들을 '5과'(五果)라고 했다. 사과와 감, 감귤 등 현대 식생활에서 빼놓을 수 없는 과일들도 옛날에는 5과에 들지 않았다.

복숭아는 예로부터 사람들이 즐겨먹던 과일이었다. 그러나 복숭아에는 '귀신을 내쫓는 힘'이 있다고 해서 제사상에는 올리지 않았으며, 공양물로도 쓰지 않았다.

복숭아의 종류는 일반적으로 크게 세 종류로 나뉜다. 보통 둥글고 붉은색을 띠는 황도, 좀 넓적한 반도, 그리고 겉이 매끈하고 솜털 같은 것이 없는 천도이다.

17세기 초엽, 조선시대의 유명한 문학자이자 관리였던 허균의 『도문대작』에는 과일의 명산지가 적혀 있다. 이 책에 황도(黃桃)와 자도(紫桃)가 나온다. 동해안 강원도 지방에서 나는 것이 맛있었다고 써 있는데, 이는 아무래도 자두를 가리키는 것 같다.

흥미를 끄는 사실은 이 책에 '반도'가 나온다는 점이다. 서울 근교인 금천과 과천이 반도의 산지로 유명하며, 허균이 열일곱 살 때

거기서 나는 반도를 먹어봤는데 그 맛이 잊혀지지 않을 정도로 맛있었다고 한다. 그리고 만년에 이르러서는 반도를 볼 수 없게 됐다며 한탄하고 있다.

반도(盤桃)는 중국 한자로 '반도'(蟠桃)라고 쓴다. 모양이 넓적해 도무지 과일과는 인연이 먼 듯한 기이한 모양을 하고 있으며, 익으면 씨가 빠져나와 가운데에 구멍이 뻥 뚫린다고 한다. 맛은 굉장히 좋다고 다른 책에도 기록되어 있다. 단지 수확량이 적고 재배하기 어려운 난점이 있었던 것 같다.

중국 전설에 나오는 곤륜산 선녀인 서왕모(西王母)의 집 뒤뜰에 있는 복숭아나무가 바로 반도이다. 3천 년째에 꽃이 피고 3천 년이 지나 열매를 맺고 또 3천 년 뒤에야 과일이 익는다는 전설은 이 나무의 희소가치를 잘 나타내주는 말인지도 모르겠다. 이 복숭아가 하나를 먹으면 불로장생의 효험이 있다는 '선도'(仙桃)이다.

1980년 여름에 나는 우연히 도쿄의 묘목점에서 이 과일묘목을 발견했다. 한 그루만 전시용으로 나와 있었는데 그때 사진을 찍어 두지 못한 것이 못내 아쉽다. 그런데 나중에 조사해본 결과, 도쿄도(東京都) 세타가야구(世田谷區)에 위치한 도립(都立)원예고등학교 안에 이 반도 복숭아나무가 있는 것을 알았다.

무슨 맛이 나는지 서왕모의 선도를 먹어보고 싶은 마음이 드는 것은 꼭 불로장생을 원해서만은 아니다. 재배가 어렵고 수확량이 적은 점은 현대의 기술을 이용하면 극복할 수 있을 것 같은 생각도 든다. 혹시 반도를 품종개량 하면 맛이 수밀도(水蜜桃)만 못해 개량할 가치가 없다는 결과가 나온 것은 아닐까?

요즘은 달고 부드러운 맛이 나도록 과일을 개량에 개량을 거듭해 옛 모습이 거의 사라져가고 있다. 이런 작물의 세계에서 옛 맛을 되살리는 노력이 있어도 좋을 텐데 하는 생각을 떨쳐버릴 수 없다.

반도는 한반도에서 17세기경을 고비로 그 자취를 감추었다. 그렇지만 현재 일본에서 수확량이 많고 재배하기 쉬운 작물, 즉 경제적인 측면만을 고려한 작물 재배는 지양되어야 한다는 현대문명비판이 일고 있는 만큼 반도가 일본에서 재평가되기를 기대해본다.

한편, 천도 복숭아를 예전에는 '승도'(僧桃)라고 했다. 스님의 머리처럼 반질반질하다는 비유에서 온 것 같다. 하도 재미있는 표현이어서 나도 모르게 저절로 웃음이 나오려고 한다. 중국에서는 천도 복숭아를 '유도'(油桃) 또는 '광도'(光挑)라고 표현했다. 역시 중국어 표현도 반질반질한 모양을 잘 나타내고 있는데 정말 글자 그대로이다.

일본에서는 일반적으로 '넥타린'(nectarine)으로 알려져 있는데, 예전에는 중국한자를 그대로 가져다가 일본어로 발음해 '유도'는 '아부라 모모', '광도'는 '히카리 모모'로 읽었다. 또 '즈바이 모모'(ズバイモモ)라고도 했다. '즈바이'는 '츠바키'(椿. 동백꽃)에서

온 말이라고 한다. 즉, 천도복숭아가 동백꽃 씨와 닮은 데서 츠바키 모모 → 츠바이 모모 → 즈바이 모모로 변형된 듯하다. 그러다가 1945년 이후 서구문명의 세례를 받자 아주 간단히 '즈바이 모모'라는 이름을 헌신짝처럼 버리고, 영어 '넥타린'으로 이름을 바꾸었는데 이는 자못 일본답다.

일본말에 "복숭아와 밤은 3년"이라는 말이 있다. 이는 복숭아와 밤은 심어만 놓고 별 수고를 하지 않아도 3년이 지나면 열매를 맺는다는 말인데 그만큼 개량이 용이하다.

무슨 연유로 귀신을 내쫓는 힘이 있다는 것인지 잘 알 수 없지만 그런 말에 신경을 쓰지 말고, 하나를 먹으면 3천 년을 산다는 '선도'를 다시 부활시켰으면 싶다.

살구

살구꽃은 우리나라의 봄을 대표하는 꽃이다. 일본에서 봄에 매화나 벚꽃 아래서 꽃놀이를 하는 것처럼 우리나라에서는 예전에 꽃놀이 하면 살구꽃이었다. 마치 복사꽃처럼 꽃잎이 짝 갈라져 피며, 복사꽃보다 빛깔이 엷은 거의 흰색에 가까운 꽃이 산과 들과 마당 그리고 가로수에 만발하면 그야말로 봄이 절정에 다다르게 된다. 여름에는 새콤달콤한 열매가 열린다. 그대로 날로 먹어도 좋고, 말려서 먹는 방법도 잘 알려져 있다.

일본에서는 나가노현(長野縣) 고우쇼쿠시(更埴市)를 중심으로 한 신수(信州) 지방과 도호쿠(東北) 지방의 일부에서 살구가 재배된다고 한다. 서양요리에서는 고기를 조리할 때 말린 살구를 끓여서 넣는다. 이는 살구가 통변에 효력이 있기 때문이다.

조선시대 17세기 전반에 나온 『음식디미방』(飮食知味方)에는 당시 가정요리가 상세히 적혀 있다. 이 책에 갖가지 고기조리법이 나오는데, 그 '고기 삶는 법'에 따르면 "질긴 고기는 빻은 살구 씨, 갈대잎, 뽕잎을 넣고 삶으면 고기가 연하게 되고 독성도 없어진다"고 한다. 즉, 우리나라에서도 서양과 마찬가지로 고기요리에 살구를 썼던 것이다.

살구 씨는 한약재로 널리 쓰인다. 진해·거담작용이 있어 기침이 심하게 나는 기관지염이나 결핵의 대증요법 약제로도 쓰인다. 한편 살구에는 독성이 있어 많이 먹으면 정신을 잃고, 힘줄과 뼈를 약하게 하기도 한다. 특히 우리나라 사람들은 살구 씨에 진해·거담·발한작용이 있고, 개에게 물렸을 때 독을 없애주지만 덜 익은 살구는 사람에게 해롭다는 점을 예로부터 잘 알고 있었다.

살구는 한자로 살구(殺狗)로 쓰는데 살구 씨가 개를 죽일 만큼 독성이 강하다는 의미에서 붙여졌다고 한다. 개에게 치명적이며 사람에게 유해한 성분은 살구 씨 안에 들어 있는 '아미그달린'(amygdalin)이 분해해 생기는 청산가리 때문이다. 이 아미그달린은 살구 씨뿐 아니라 매실이나 벚꽃열매의 씨에도 들어 있으며, 설익은 매실일수록 많이 들어 있다. 덜 익은 파란 매실을 먹으면 식중독에 걸린다는 것은 이 때문이다.

살구의 경우는 품종에 따라 크게 차이가 있어 유해성분량이 극히 적게 들어 있는 품종도 있다. 일반적으로 재배되고 있는 품종은 독성은 있으나 겉으로 드러나지 않고 약용효과를 보이는 품종, 즉 독성보다 약용효과가 약간 더 강한 품종이라고 보면 좋을 것이다.

요즘은 살구 씨를 간단히 손에 넣을 수 있다. 한약재료를 파는 어지간한 가게에 가면 대개 살구 씨를 진열하고 있다. 시중에서 판매되는 살구 씨는 거의 안전한 것이다. 우리나라와 서양에서 살구 씨를 고기요리에 이용해 온 것은 부엌의 지혜이다. 그러나 요리에 살구 씨뿐만 아니라 말린 살구를 써도 좋을 것이다.

중국과 우리나라에서는 살구의 약효를 살린 죽을 자주 끓여 먹는다.

살구 씨를 물에 씻은 뒤 2~3일간 물에 담가 살구 특유의 떫은 맛을 뺀다. 물은 매일 갈아준다. 이 살구 씨를 끓는 물에 살짝 데쳐 껍질을 벗기고 믹서에 넣어 물을 조금 붓고 곱게 간다. 그리고 쌀을 깨끗이 씻어 물기를 잘 빼고 믹서에 넣고 물을 조금 부어 간다. 갈아놓은 살구 씨와 쌀을 합해 죽을 끓인다.

먹을 때 기호에 따라 꿀이나 설탕을 넣어 먹으면 좋다. 살구씨죽을 맛있게 끓이는 비결은 살구 씨의 떫은 맛을 가능한 한 빼는 것인데, 적어도 이틀 정도 물에 담가두는 것이 좋다. 그러나 조금 씁쓸한 맛이 남아 있는 편이 어쩐지 약죽 같은 기분이 든다. 이 죽은 감기가 들어 기침이나 담이 나올 때 곧잘 끓여먹는 요리이다.

살구 씨와 거의 같은 종류로 비슷한 성분을 가지고 있는 것에 아몬드가 있다. 향기가 좀 다르지만 살구 씨를 구하기 어려울 때는 아몬드를 대신 써도 그런 대로 맛이 난다. 최근에 일본의 슈퍼마켓이나 과일가게 등에도 살구가 많이 나돌게 됐다. 그냥 생과일이나 말린 살구를 간식 대신에 먹는 것도 좋겠지만 살구를 재료로 요리를 만들어보라고 권하고 싶다.

사과와 모과

사과

사과가 과일을 대표하게 된 것은 그리 오랜 일이 아니다. 허균의 『도문대작』은 전국의 맛있는 먹을거리를 정리해 엮은 책인데, 배·감귤·석류·감·밤·대추·살구·복숭아·수박·모과·딸기는 확실히 기술되어 있으나 사과는 나오지 않는다. 『도문대작』보다 일찍 편찬된, 전국에서 나는 산물을 기록한 『신증동국여지승람』(1530)에서도 사과에 관한 기록은 찾아볼 수 없다.

식용에 알맞은 알이 굵은 사과 품종이 우리나라에 전래된 것은 17세기 중엽쯤이다. 인조의 셋째 아들인 인평대군(1622~1658)이 중국에 사신으로 갔다가 돌아오는 길에 구해왔다고 한다. 그때 마침 중국에는 실크로드를 통해 신품종이 들어와 있었는데, 그것을 눈여겨보았다가 가지고 들어온 것이다.

그러나 이 품종이 한반도에서 재배되어 일반인들의 손에 들어가기까지는 시간이 필요했다. 18세기 후반에 간행된 『증보산림경제』에 이르러야 사과의 보관법이 나온다. 또 같은 시기에 종묘제사에 올리는 진상품의 품목을 적은 기록에는 음력 6월에 나는 과일로서 자두, 참외, 수박과 아울러 사과가 적혀 있다. 머지않아 서민들의 식생활 속에 사과가 들어가게 된다. 날로 먹는 것은 물론이고, 김치 속에도 넣어 먹게 됐다.

사과의 약용효과를 빠트릴 수 없다. 민간요법으로 지금까지 전해 내려오고 있는 것을 보자. 먼저 식후에 먹으면 소화를 돕는다고 하며, 급성장염이나 변비에도 좋다고 한다. 또 고혈압 치료에 사과요법을 도입한 한의사도 있었다고 한다.

서양에서는 사과의 효용을 가리켜 "아침에는 금, 점심에는 은, 저녁에는 동"이라는 속담이 있다. 사과는 아침에 먹어야 가장 그 효용가치가 높다는 말이다. 우리나라에는 "자기 전에 사과를 한 개 먹으면 이튿날 아침까지 상쾌한 기분이 이어진다"는 말이 있다.

최근에 염분을 과다 섭취하면 몸에 해롭다고 요란하게 떠들어 일본에서는 신경과민증에 걸릴 정도로 싱겁게 먹는 식생활이 강조되고 있다. 그렇지만 일인당 소금섭취량을 일률적으로 산정해 뽑아낼 수는 없다. 얼마만큼 땀을 흘리느냐, 얼마만큼 동물성 단백질을 섭취하느냐, 또는 채소나 과일에서 염화나트륨(소금)과 균형을 이루는 칼륨을 얼마만큼 섭취하느냐에 따라 사람마다 섭취해야 할 소금량이 전혀 다르기 때문이다.

1982년에 당시 일본의 농림수산성 식품종합연구소에 영양부장으로 있던 요시가와 세이지(吉川誠次) 씨에게서 식염에 관한 이야기를 들을 기회가 있었다. 일본의 도호쿠(東北) 지방이 대개 염분섭취량이 높아 고혈압 환자가 많은 것으로 알려져 있는데, 같은 도호쿠 지방 안에서도 아키타현(秋田縣)과 아오모리현(靑林縣)은 차이가 있다고 한다. 염분이 많이 들어 있는 '숏츠루 나베'(しょっつる鍋. 숏츠루는 정어리나 도루묵으로 담근 젓갈을 걸러 만든 젓국을 말하며 보통 간장 대신 쓴다. 숏츠루로 간을 한 찌개를 숏츠루 나베라고 함―옮긴이)를 즐겨 먹는 아키타현 사람들과 사과를 많이 먹는 아오모리현 사람들을 비교하면, 아오모리현 사람들이 아키타현 사람

들보다 고혈압 환자가 훨씬 적다는 이야기였다. 이유는 사과에 많이 포함되어 있는 칼륨이 소금의 나트륨과 균형을 유지해주기 때문인 것 같다.

우리나라 한의사가 고혈압을 치료할 때 환자에게 사과를 많이 먹으라는 말을 하는데, 나는 이 사과요법의 과학성이 이론적으로 증명된 것 같아 매우 흥미로웠다.

오늘날 우리나라에 보급되어 있는 사과는 대개가 조선시대 말기에 영국과 캐나다, 일본 등의 외국자본이 동해안의 길주, 원산, 대구와 서해안의 황해도 지방에 투입되어 대규모 과수재배가 이루어졌을 때 채용된 품종이다.

모과

사과와 비슷한 과일에 모과가 있다. 충청도 지방이 모과의 산지로서 유명하다. 모과는 일본에도 있으며, 최근에 슈퍼마켓에도 진열되어 있다.

모과는 먹는 법이 여러 가지이다. 먼저 모과수를 소개하면, 모과 껍질을 벗기고 속까지 잘 익도록 충분히 익혀 그대로 식혀 숙성시킨다. 이 물이 시원한 음료의 한 종류인 모과수가 되며, 익힌 모과도 버리지 않고 먹는다.

다음에는 모과전과(煎果)인데, 이는 껍질을 벗기고 4등분으로 잘라 씨를 빼고 5밀리미터 정도의 두께로 썰어 끓는 물에 데쳐 시큼한 맛을 없앤 다음 설탕을 넣고 뭉근한 불에서 졸여 꿀을 섞은 것이다. 그대로 간식으로 먹어도 좋지만 설탕과 꿀을 넉넉히 넣어 한 달 정도 두면 수분이 분리된다. 그때의 과육이 맛과 향기가 최고라고 한다. 또 이 과육을 뜨거운 물에 띄우면 운치 있는 모과차가 된다. 속리산에서 나는 모과가 유명하다.

또 모과죽도 있다. 모과 껍질을 벗겨 얇게 썰어 말린 다음 가루를 낸다. 이 가루와 찹쌀 또는 찰좁쌀을 섞어 죽을 끓여, 먹을 때 생강즙을 넣어 먹는다. 향기와 맛이 일품이며, 예로부터 건강에 좋다고 해서 노인이나 환자에게 먹였다.

물론 한방에서는 말린 모과를 약재로 써왔다. 모과는 잘 익은 것일수록 약효가 좋다고 한다. 특히 모과는 감기나 가래에 아주 잘 든는다. 모과는 과자와 음료, 죽요리 등에 폭넓게 쓰일 만한 충분한 가치가 있는 과일이다.

한편 모과를 일본어로는 '가린'(果梨)이라고 하는데 '가린'과 아주 흡사한 '보케'(木瓜)라는 식물이 있다. 정확한 명칭은 '구사보케'(クサボケ)이며, 지방에 따라 '시도미'(シドミ), '노보케'(ノボケ), '지나시'(ジナシ), '코보케'(コボケ) 등 다른 이름으로 불리기도 한다. 키 작은 낙엽수이고, 중국원산의 키 큰 모과나무보다 열매가 작다. 그러나 그 성분은 아주 비슷하다.

'보케'의 어원은 무엇일까? 유종민(柳宗民) 씨의 설에 따르면, 처음에는 한자 목과(木瓜)를 일본어 발음대로 '목카'(モッカ)라고 읽다가 '보케'(ボケ)로 된 것이라 한다. 옛날에는 '모케'(モケ)라고 불렀다고 한다.

이 견해는 '보케'의 어원이 우리말에서 유래한 것임을 시사한다고 나는 이해하고 있다. 왜냐하면 우리나라에서도 모과를 한자로 목과(木瓜)라 썼으며, 표준어는 모과이지만 일본과 가까운 남쪽의 경상도 지방에서는 '모개' 또는 '보개'로 불렀기 때문이다.

우리말도 일본말도 언어특성상 마·미·무·메·모의 발음이 바·비·부·베·보로 변하는 경우가 자주 있다. 우리말의 말 마(馬) 자는 일본어로 '바'(ば)로 읽고, 꼬리 미(尾) 자는 '비'(び)로 읽는 것처럼, M음과 B음은 발음할 때 입의 형태가 똑같아서 음가가 가장 가까운 음이다.

이런 의미에서 우리말에 '모개'와 '보개'가 있고, 일본어가 '모개'에서 '보케'로 변했으니, 이 식물의 명칭은 우리말과 관계가 있다고 할 수 있겠다. 우리나라에서 모개·보개로 불렸던 식물 명칭이 일본에 가서는 왜 키 작은 모과나무에만 국한되어 쓰이고, 키 큰 모과나무는 따로 '가린'이라는 이름으로 부르게 됐을까? 어찌됐든 일본에서도 모과를 먹는 방법을 좀더 연구했으면 싶다.

오미자

한국요리에 많이 쓰이는 오미자(五味子)는 일본에는 잘 알려지지 않은 것 같다. 오미자는 과실이라기보다 작은 알맹이의 나무열매이다.

오미자는 한반도와 중국·시베리아·사할린 지방에 자생하는 낙엽수이고, 목련과에 속한다. 등나무처럼 다른 나무를 휘감고 올라가는 성질이 있다. 7~8월쯤에 붉은빛이 도는 흰 꽃이 핀다. 이 열매를 말린 것이 오미자인데, 일본에서는 '조선오미자' 또는 '북(北)오미자'라고 부른다. 신맛, 단맛, 쓴맛, 짠맛, 매운 맛의 다섯 가지 맛이 나기 때문에 오미자라는 이름이 붙었다. 껍질은 달고 알맹이는 시며 씨는 매운 맛이 나는데, 이런 맛들이 어우러져 짠맛을 낸다고 한다.

일본에도 오미자와 비슷한 식물이 있는데 바로 '비난카즈라'(びなんかづら)이다. 목련과에 속하며 넝쿨을 감고 올라가는 점은 오미자와 똑같지만 이 나무는 상록수이다. 간사이 지방으로부터 서쪽 지방이나 오키나와에 자생하며 여름철에 꽃이 흐드러지게 핀다. 이 열매를 말린 것을 '남(南)오미자'라고 해서 조선오미자 대신 한약재로 쓰이지만 약효가 조선오미자만 못하다고 한다.

한반도에는 일본에서 말하는 소위 북오미자도 남오미자도 분포하고 있지만 유독 북오미자 열매만을 오미자라고 부른다. 일본에서는 한반도에서 나는 오미자가 한약재로서 약효가 뛰어나다고 호평이 나 있는데 특히 평안북도 영변의 오미자가 유명하다. 오미자는 돌이 많은 산중턱에 번성하며, 가을에 열매를 따서 말리면 처음에는 붉은색을 띠다가 차츰 다갈색에서 흑갈색으로 변한다.

식용으로는 오미자즙이 대표적이다. 큰 술로 한 술 반에서 두 술 정도의 오미자에 물 다섯 컵을 붓고 5시간에서 10시간 정도 담가두면 오미자의 성분이 빠져나와 분홍색을 띠는데 알맹이는 버리고 물만 마신다. 신맛이 너무 강하면 물을 타거나 설탕이나 꿀을 적당히 타서 마신다. 이것이 오미자즙 또는 오미자차이다. 여기에 배 같은 과일을 채 썰어 띄우거나 잣을 동동 띄우면 오미자화채가 된다. 맛이 시원하며 식사 때 먹는다.

오미자뿐 아니라 앵두나 유자를 우려낸 물로 화채를 만들어 식사 때 먹는데 그 중에서도 약용효과가 있는 오미자화채를 가장 많이 먹는다. 오미자에는 자양강장, 거담, 진해, 수렴작용의 약용효과가 있다.

찬 오미자즙에 국수를 말아먹기도 하는데 물론 이 경우는 설탕을 넣지 않는다. 오미자즙은 차게 해 먹는 것이 오미자의 참 맛을 맛볼 수 있다고 한다. 오미자를 끓여서 만드는 오미자차도 있는데 끓이면 좀 쓴맛이 강해 정말 '한약' 같은 느낌이 든다. 『음식디미방』에 오미자로 만든 오미자식초가 나온다. 이 식초는 자라요리를 만들 때 넣었다고 한다.

하여튼 오미자즙은 음료나 조미료의 역할을 겸하면서 약용효과까지 있어 예로부터 애용되어왔다. 오미자로 담근 오미자술도 약용주로 평판이 좋아 최근에는 상품으로 개발되어 시판하고 있을 정도이다.

오미자의 약용효과를 제대로 보려면 식전에 먹는 것이 가장 좋다고 하는데, 이는 예로부터 널리 알려진 복용법이다. 옛날에는 오미자시럽을 만들어 기침약으로 팔기도 했다. 또 민간에서는 정력을 좋게 하는 데 오미자를 달여 먹기도 했다.

일본에서도 남오미자인 '비난카즈라'를 예로부터 한약재로서 이용해왔다. 그 중에서 일반인들에게 널리 알려진 것은 남오미자 겉껍질로 빗질하듯 머리를 문지르는 요법이다. 겉껍질 안쪽의 액체가 머리칼을 윤이 나게 해주었던 모양이다. 그 때문에 '비난카즈라'(美男かずら)로 일컬어지게 됐다고 한다.

일본에서도 겉모양을 곱게 치장하는 데에만 오미자를 쓰지 말고, 우리나라에서 쓰는 것처럼 요리에도 넣어 안으로부터의 건강미를 만드는 데 써보라고 권하고 싶다. 건강식품이나 자연식품이 많이 논의되는 요즈음이니 일본에서도 '비난카즈라'의 약용효과를 재검토해보는 것이 어떨까 한다.

대추

대추는 '5과'의 하나로서 예로부터 한약재나 요리에 이용되어왔다. 거의 한반도와 중국, 일본 등 서반구의 온대지방에 분포하고 있다. 대추나무는 몇 종류가 있는데, 7~8종류가 우리나라 기후조건에 맞아 재배용 식물로서 가치가 있다.

낙엽수이고 봄에 싹이 터서 초여름에 담황색 꽃이 피고 열매를 맺는다. 열매는 크기가 2~3센티미터 정도로 엄지손가락만한데 식용으로도 약용으로도 쓴다. 설익은 파란 열매가 갈색을 띠면 날로 먹기도 한다. 좀 시큼달콤한 맛이 난다. 안에 딱딱한 씨가 들어 있다.

앞에서 언급한 『도문대작』에도 "충청북도 보은에서 나는 것이 가장 좋고 알도 크다. 씨가 좀 뾰족하다. 색깔은 붉으며 수분이 많고 달다. 다른 지방의 대추는 이만 못하다"고 적혀 있다. 이 구절에서 우리는 이미 16세기 이전에 대추가 한반도에서 재배됐고, 전국에 여러 종류가 있었으며, 그 중에서도 보은 지방에서 나는 대추가 가장 맛있었다는 것을 알 수 있다. 지금도 보은은 대추의 명산지로 꼽힌다.

일반적으로 생대추보다 말린 대추가 갖가지 요리에 많이 쓰인다. 그 대표적인 것 중에 몇 가지를 보자.

먼저 말린 대추를 깨끗이 씻어 찜통에 찌고, 참깨를 잘 볶아둔다. 물엿과 꿀을 잘 섞어 찐 대추를 넣고 참깨를 뿌리면 옛날 노인들이 입이 심심할 때 먹는 대추과자가 된다.

대추떡도 있는데, 이 떡은 찹쌀을 살 씻어 물에 불렸다가 빻은 찹쌀가루와 씨를 빼고 손질해둔 대추를 1대 1의 비율로 섞어 찐 떡이다. 이 대추떡을 그냥 먹어도 맛있지만 손이 좀 가더라도 더 맛있게 해먹는 방법이 있다. 대추떡에 꿀과 참기름, 진간장을 조금 넣고 잘 섞은 뒤 밤, 말린 대추, 곶감을 잘게 썰어 중간중간에 박아 다시 한 번 찌면 호화스런 떡이 된다.

또 말린 대추를 깨끗이 씻어 씨를 빼고 살짝 찐 다음에 잣을 두 개쯤 넣고 모양새를 다듬어 설탕이나 꿀물을 넣고 뭉근한 불에서 졸인다. 접시에 담을 때 계핏가루를 살짝 뿌린다. 손이 많이 가는 요리이지만 아주 맛있고 건강에도 좋은 과자이다.

대추의 효용에 관해서 예로부터 전해오는 말을 보자.

먼저 기침이 심할 때 씨를 뺀 대추 한줌을 미지근한 물에 넣어 천천히 하나씩 빨아먹듯이 먹으면 기침이 멈춘다고 한다. 정신을 안정시키는 완화작용도 있어 특히 여성의 히스테리증상에 감초와 함께 달여먹으면 좋다고 한다. 빈혈증에도 좋다고 하며, 불면증에는 대추와 파를 같이 달여 먹으면 푹 잘 수 있다고 한다.

또 산후요통을 빨리 낫게 하는 데 대추를 진하게 달여 먹으면 좋다고 하는데 이 방법은 일반적으로 널리 쓰였다고 한다. 이처럼 한약에 사용되는 재료를 가지고 과자나 떡, 음료로 만들어 먹던 것도 하나의 지혜라고 하겠다.

관혼상제 때 나오는 요리상에는 반드시 대추로 만든 음식이 따라 나온다. 옛날에는 각 가정마다 보존하기 쉬운 마른 대추를 늘 상비해두었다가 무슨 일이 있을 때 바로 쓸 수 있도록 했다.

우리 속담에 "저놈은 대추 씨 같은 놈이다"는 말이 있다. 체격은 작지만 꽤 다부진 사람이라는 뜻이다. 일본말에도 "산초는 알맹이는 작지만 굉장히 맵다"라는 비슷한 표현이 있다. 우리의 생활과 대추가 얼마나 밀접한 관련이 있는지 시사하는 말이다.

오랜 역사 속에서 인간이 축적해온 식생활의 지혜에는 반드시 건강에 도움이 되는 어떤 것이 들어 있다. 말린 대추를 사서 요리를 만들어 먹는 것도 좋겠고, 지금부터 마당 한편에 대추나무를 심어 놓고 먼 장래에 대추를 따먹는 즐거움을 느긋하게 기다려 보는 것도 또한 좋으리라.

생 선

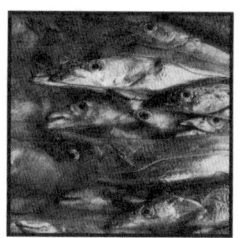

명태

명태의 유래

 명태만큼 우리 민족에게 사랑을 받는 생선도 없을 것이다. 서민층의 건강을 지탱하는 데 중요한 역할을 했다고 할 만치 많은 사람들이 이 생선을 좋아하고 즐겨 먹는다. 이 생선은 날로도 먹고 말려서 먹기도 하며, 알과 내장 등은 젓갈을 담가 먹기도 한다. 특히 바짝 말린 북어는 부엌의 상비식품이었고, 바다에서 멀리 떨어진 농촌이나 산간지역에서는 귀중한 단백질 식품이었다.

 크기가 60센티미터 안팎으로 몸에 두 줄의 선이 나 있고 길쭉한 모양의 회백색 생선이다. 주요 어장은 동해안 북부해역이고, 겨울에 11월경부터 이듬해 2월경까지 약 4개월 동안 어장이 형성된다.

 북대서양을 회유해 산란하러 한반도 연안으로 떼지어 몰려올 때는 겹겹이 밀려들어 해변까지 밀려 올라오는 일도 종종 있었다고 한다. 갖은 조리법이 있지만 다 먹을 수 없을 정도로 대량으로 잡혀 서민들의 식생활에서 빠지지 않는 생선이었을 터인데, 무슨 까닭인지 명태가 문헌에 등장하는 것은 그다지 오래지 않다.

 1530년에 간행된 『신증동국여지승람』에 함경도 명천과 경성 지방의 특산물로 '무태어'(無泰魚)라는 생선이 처음 나온다. 이 무태어가 명태를 가리킨다고 하며, 지금도 동해안 북부에 있는 명천과 경성에서는 명태가 많이 잡힌다. 그런데 무태어가 곧 명태라면 그 이전의 기록에 등장하지 않는 것도 이상한 일이다.

어찌됐든 이 생선의 호칭에 관해 몇 가지 전설적인 이야기가 전해온다.

조재삼이 편찬한 『송남잡식』(松南雜識. 연대 미상. 19세기 초에 편찬된 것으로 보임)에 이 생선 이름에 관한 유래가 적혀 있다. 이 책에 따르면, 조선시대인 17세기 중엽쯤에 함경도 관찰사로 부임한 민아무개가 순찰차 명천을 방문했을 때, 이 생선요리를 맛있게 먹었다고 한다. 그 생선이 너무 맛있었는지 혹은 생전처음 본 생선이어서 그랬는지 모르겠지만, 그가 무슨 생선이냐고 물으니 아무도 그 이름을 아는 사람이 없었다고 한다. 그러자 그가 즉석에서 그 지방명인 명천에서 '명' 자를 따고 그 생선을 잡은 어부의 성인 '태' 자를 따서 '명태' (明太)라고 이름을 지어주었다고 한다.

그래도 이 생선은 회유어라서 오랜 옛날부터 해마다 산란하러 동해안에 떼지어 몰려들었을 터이니, 그 이름은 모를지라도 어촌에서 흔히 먹던 생선이었으리라는 점은 쉽게 상상이 간다. 다만 내륙지방 출신인 관찰사에게는 생전처음 먹어보는 생선이었을지도 모르겠다.

북어의 유래

서유구(1764~1845)의 『난호어목지』(蘭湖漁牧志)에 다음과 같은 구절이 있다.

날것을 '명태어'라고 하며, 말린 것을 '북어'라고 부른다. 관북지방(현 함경남·북도) 연안에서 12월경부터 어망을 쳐서 잡아 올리며, 말린 건어물은 집산지인 원산으로 수송한다. 원산에서 상인들이 배나 말에 실어 각 지방으로 보낸다. 사람과 말의 왕래가 밤낮없이 이어져 문전성시를 이루었다. 이곳에서부터 상품이 전국으로 널리 유통됐다. 명태는 청어와 아울러 우리나라에서 가장 많이 잡히는 생선이다.

19세기 중엽쯤에 이규경이 정리한 『오주연문장전산고』(五洲衍文長箋散稿)에는 또 이런 구절이 있다.

우리나라 동북해에서 잡힌다. 이 생선의 명칭은 북어이며, 속칭 명태라고 부른다. 봄에 잡히는 것을 춘태(春太), 겨울에 잡히는 것을 동태(冬太), 11월경에 시장에 출하되는 것을 동명태(凍明太)라고 하는데, 이 생선을 말린 것은 각 가정의 밑반찬으로 이용될 뿐 아니라 집안에 경사가 있을 때도 빠지지 않는 중요한 재료이다.

이 밖에도 선태(鮮太), 망태(網太), 강태(江太), 간태(杆太) 등 각지에 그 이름이 아홉 종류에 이른다. 이는 명태가 우리 식생활과 얼마나 깊은 관련이 있는지 보여주는 증거이기도 하다.

북어라는 호칭은 주로 경기도 주변지방, 즉 중부 이남지방에서 주로 썼다. 북어로 부르게 된 유래에는 두 가지 설이 있다.

하나는 이 생선이 북쪽 바다로부터 떼지어 밀려오는 생선이므로 자연스레 옛날부터 북쪽의 생선, 즉 '북어'(北魚)라고 불렀다는 설이다. 그런데 여기에는 속편이 있다. 불교의 영향인지 모르겠지만, 고려시대 전기경에 이름없는 생선은 먹지 말라는 금지령이 내려지자 사람들이 북어라는 이름을 붙여서 먹었다는 것이다. 그렇지만 정식으로 '명태'라는 이름이 붙여지고 나서야 일반 사람들도 당당하게 먹을 수 있었다고 한다.

또 하나의 설은 이 생선을 건조해 오랫동안 보존할 수 있는 상품 형태로 만들어 북쪽의 생산지에서 그 이남지방으로 유통했기 때문에 북쪽에서 온 생선이란 의미로 '북어'라고 불리게 됐다는 것이다. 일반적으로 후자가 맞다고 한다.

앞에서 언급한 『난호어목지』에 명태는 엄동설한인 2월에 말린 것이 상품(上品)이고, 3~4월에 말린 것은 그보다 품질이 떨어지며, 5월 이후에 말린 것은 살이 단단하지 않아 하품으로 친다는 구절이 보인다. 이 대목은 북어의 상품가치를 의식하고 있었다는 점을 말해준다.

아주 옛날, 유통이 원활하지 않았던 시절에 함경도의 변방지방인 삼수갑산에 전해지는 이야기이다. 마을 농민들 중에 밤눈이 어두운 이가 속출했다. 요즘말로 하면 야맹증인데, 비타민A가 부족해 생기는 영양결핍증이다. 시력이 떨어진 사람들은 겨울이 되자 멀리 떨어진 어촌을 찾아가 명태의 간(내장)을 한 달쯤 먹었더니 감쪽같이 원래의 시력을 회복했다고 한다. 그들은 명태의 내장에 비타민A와 D가 풍부하게 들어 있어 야맹증의 치료약이 된다는 사실을 체험적으로 알고 있었던 것이다.

그런데 겨울 산란기에 대량으로 잡아 올려 건조해 건어물로 만들어 팔게 되자 바닷가에서 멀리 떨어진 산간지역 사람들도 앉아서 말린 바닷고기를 먹을 수 있게 됐다. 그 의의는 몹시 컸다고 하겠다.

북어를 만든 지혜

생선뿐만 아니라 식품을 보존하는 대표적인 방법은 건조법이다. 그렇지만 지방분이 많은 생선은 건조법이 적합하지 않다. 왜냐하면 잘 알다시피 생선의 지방은 공기와 접촉하거나 햇볕을 쪼이면 산화현상을 일으키기 때문이다. 이런 생선을 먹으면 식중독에 걸릴 위험이 있으며, 동맥경화를 재촉할 가능성이 있다. 그렇게 보면 생선을 보존했다가 먹으려고 해도 지방분이 많이 포함된 생선은 그렇게 할 수 없었다는 이야기가 된다.

하물며 현대처럼 냉동보존기술이 발달되지 않고 유통수단도 고도로 다양하지 않았을 그 옛날에 고기나 생선을 말려 상비할 수 있게 된 것은 오늘날과 비교할 수 없을 정도로 대단히 의의가 있는 일이었을 것이다. 지방분이 0.4퍼센트로 극히 적은 명태는 건조에 의한 보존법에 적합한, 훌륭한 식품이었다.

또한 서민의 지혜는 단순 건조법에 그치지 않았다.

한반도 북부의 겨울은 땅이 꽁꽁 얼어붙을 정도로 몹시 춥다. 밤에 식품을 한데 방치해두면 금세 얼어버린다. 냉동식품을 다뤄본 사람은 알겠지만, 한 번 얼었던 식품이 녹으면 꽤 많은 수분이 흘러나온다. 이는 식품 세포에 포함되어 있던 결합수(結合水)가 얼었다가 녹을 때 결합수로 다시 돌아가지 않고 물이 되어 밖으로 빠져나오기 때문이다. 냉동식품을 해동해서 먹으면 퍼석퍼석한 느낌이 드는 것은 이 때문이다.

한꺼번에 대량으로 잡힌 명태를 한 줄로 꿰어 바닷바람이 잘 불어오는 곳에 걸어두면 밤에 한 번 얼었다가 낮에 온도가 올라가면 해동되면서 수분이 증발한다. 즉, 명태 건조법은 단순 건조가 아니라 냉동과 해동을 반복하면서 건조시키는 동건법(凍乾法)이다.

나는 1973년 11월에 함경북도 청진항 근처에서 바로 이 명태 건

황태 덕장
명태를 바닷바람이 잘 불어오는 곳에 걸어두어 냉동과 해동을 반복하면서 건조시키는 덕장의 모습이다.

조가 한창이던 광경을 본 적이 있다. 하얗게 눈 쌓인 산의 경사면에 잡아 올린 명태가 빽빽이 걸려 있어 마치 명태의 언덕처럼 보였다.

이렇게 천연의 자연조건을 잘 이용해 만드는 동건 명태, 즉 북어는 바싹 말라 살이 막대기같이 딱딱하게 된다. 북어는 지방분이 적어 기름의 산화를 걱정할 필요가 없어 장기간 보존이 가능했다. 당시 내륙지방의 가정에는 생선자반 같은 것도 어쩌다가 한 번씩밖에 손에 들어오지 않았다. 그러니 언제나 두고 먹을 수 있는 북어가 들어왔을 때의 그 가치란 우리가 상상할 수도 없을 만큼 컸을 것이다.

명태의 가치와 명란젓

명태의 단백질은 대단히 양질이다. 식물성 단백질과 동물성 단백질의 배합비율을 나타내는 단백질치수를 보면 명태가 83퍼센트로서 소고기 80퍼센트, 닭고기 78퍼센트에 필적한다. 덧붙이면 계란의 단백질치수는 100퍼센트로 완전단백질로 불린다.

이렇게 보면 명태가 영양면에서 소고기나 닭고기에 뒤지지 않음을 알 수 있다. 이러한 점과 옛날에 먹을거리가 풍족하지 않았던 사회생활 조건을 감안해볼 때, 밥상에서 북어가 얼마나 중요한 위치를 차지했는지 이해할 수 있다.

종교적인 제약 즉 불교 계율에 묶여 고기를 먹지 못하던 시대는 물론이고, 그로부터 자유롭게 된 뒤에도 고기의 공급이 충분하지 않았던 시대에 명태는 귀한 동물성 식품원이었다. 관혼상제 때 나오는 요리에는 어떤 형태로든 명태가 빠지지 않고 나온다. 일본의 한국식당에서 파는 비빔밥에도 반드시 북어를 잘게 찢어 무친 북어포무침이 들어 있다.

명태는 버릴 데가 없다. 어획시기가 포란기인 겨울이기 때문에 암컷에는 알이 듬뿍 들어 있다. 명란도 귀중한 먹을거리가 됐고, 수컷의 내장에서는 간유를 얻었다. 최근 일본에서 명란젓인 '가라시멘타이코'(辛子明太子)가 대단히 인기를 얻고 있다. 규슈 하카타(博多) 지방의 토산품으로 알려져 있는데, 이것은 원래 우리의 음식이었다.

명란을 소금에 절인 젓갈은 꽤 일찍부터 있었다. 여기에 당시 보급되기 시작한 고춧가루를 넣어 보존식품으로 고안한 것은 17세기 말부터 18세기에 걸친 일이라고 한다. 20세기 초에는 서울 같은 도회지에도 보급됐다.

식민지시대에 일본이 명란젓을 부산을 거쳐 하카타로 수입해 일본 각지에 유통시켰는데, 1945년 우리나라가 해방되자 명란젓을 수입할 길이 없어졌다. 한반도가 남북으로 분단됐기 때문이다. 명태의 주요 어장이 북한에 있었고, 남한에서는 잡히는 양이 적어 수출할 만치 물량이 없었던 것이다.

일본의 규슈 하카타 주변 해역은 따뜻한 난류가 흘러 명태가 잡히는 곳이 아니다. '하카타 멘타이코'는 우리나라에서 수입해다 팔던 것이었는데, 요즘은 옛 명성을 등에 업고 원양에 나가 잡아온 명태알로 상품을 만들어 팔고 있다.

우리 민중들의 지혜가 만들어낸 명란젓 '가라시 멘타이코'는 이제 일본에서 각 가정의 식탁에 아주 당연하게 오를 만큼 널리 보급되어 있다.

200해리시대에 들어와 일본에서는 북대서양 지역에서 잡히는 명태의 어획량이 문제가 되고 있다. 일본에서는 대개 이 생선을 갈아서 어묵 같은 가공식품을 만들어 먹는다. 예전에는 도야마(富山), 니이가타(新潟) 등의 일부 해안지역에서만 찌개에 넣거나 밥을 짓는 데 넣어 먹었는데, 요즘은 유통혁명이 이루어져 이 생선을 가공하지 않은 채 먹는 지역이 늘어났다. 그러나 이 생선을 말린 건어물은 아주 적다.

명태를 갈아서 어묵 같은 가공식품을 만들어 먹기보다 우리나라에서처럼 동건법으로 건조시켜 먹는 쪽이 더 효과적인 이용법이라고 생각된다.

청어

대중적인 생선, 청어

생선을 손쉽게 구할 수 있는 해안지역은 사정이 좀 달랐지만, 얼마 전까지만 해도 서민들의 생활 속에서 생선 하면 말린 명태와 소금간을 한 청어, 그리고 조기를 가리켰다. 생선을 먹고 싶은 서민들은 언감생심 도미는 쳐다보지도 못했지만 하다못해 이런 생선이라도 먹어보는 것이 소박한 바람이었다. 이 점은 일본에 사는 대부분의 재일동포 출신지인 경상도와 전라도 지방에서도 마찬가지였다.

서유구가 편찬한 『난호어목지』, 『임원십육지』(林園十六志)를 보면 19세기 초 한반도 연안에서 잡히던 청어의 회유시기와 포획지역을 아주 상세히 알 수 있다. 이 책에 따르면, 청어는 겨울에 함경도 지방 연안에서 잡히다가 겨울이 끝날 무렵부터 초봄에 걸쳐 동해안을 따라 남하한다고 한다. 남해 지방을 빙 돌면서 그 연안 부근의 다른 생선무리와 합류해 엄청나게 어군이 불어나는데 서해 쪽으로 회유를 계속해 황해도의 해주 근해에서 성장하면서 살이 오른다고 한다. 천만 이상의 큰 어군이 3월에 이르면 회유를 끝낸다고 한다.

이 책에 나오는 회유 순서가 과연 현대의 조사와 일치하는지 어떤지는 모르겠지만, 한반도의 해역 어디서나 청어를 손쉽게 잡을 수 있었으리라는 것은 잘 알겠다. 이 점이 청어가 대중적인 생선이 되는 중요한 요소였다.

청어는 보통 구워서 먹는다. 생것을 굽기도 하고 소금간을 하거나 또는 살짝 말려서 구워먹기도 한다. 간장에 조려서도 먹는다. 청어조림은 무를 납작하게 썰어 넣고 고춧가루를 좀 넉넉히 넣어 매콤하게 만드는데, 맛깔스런 맛이 가정요리 중에 대표적인 요리이다.

관혼상제 때 나오는 상에는 청어구이가 빠지지 않는다.

청어보존법

청어도 잡힐 때 한꺼번에 대량으로 잡혀 몇 가지 보존법이 있다.

청어가 앞의 명태와 다른 점은 지방성분이 많다는 것이다. 지방이 8.5퍼센트 정도이니 명태보다 20배나 된다. 그 때문인지 보존할 때는 건조법보다 보통 소금에 절이는 법을 썼다.

앞에서 언급한 『음식디미방』에 나오는 청어염혜법(靑魚鹽醯法)을 인용해 보자.

청어는 물에 씻으면 물러서 보존할 수 없으므로 바다에서 잡아 올린 채로 손으로 가볍게 잡티를 훑어낸 다음 청어 백 마리에 소금 두 되의 비율로 소금간을 해서 항아리에 넣는다. 물은 절대로 금물이다. 습기가 적은 땅 속에 항아리를 묻어 두었다가 소금간이 적당히 배면 꺼내 먹는다. 방어의 경우도 절대로 물에 씻으면 안 된다. 적당히 잘라 청어와 같은 방법으로 절일 것. 모든 생선자반은 이렇게 하는 것이 좋다.

한편 '관목'(貫目)이라는 것이 있다. 청어를 물에서 잡아 올려 내장도 빼지 않고 소금도 뿌리지 않은 채 그대로 말린 것이다. 명태의 동건법과 같다고 보면 된다. 먹을 때는 통째로 구워 비늘을 긁어내고 손으로 큼직하게 찢어 초고추장을 찍어 먹는다. 예전에는 술 안주상에 흔히 올랐다.

또 구운 관목을 손으로 찢지 말고 살을 잘게 발라 냉이와 쑥, 콩나물을 넣고 죽을 끓이기도 하는데 이것이 또한 맛이 각별하다. 그리고 '연관목'(烟貫目)이라는 것도 있다. 청어를 바싹 말리지 않고 어느 정도 꾸덕꾸덕하게 말린 뒤에 표면을 연기로 그을려 부패를

방지한 것이다. 조선시대 때 이미 청어의 훈제품이 있었다는 말이다.

또 18세기 중기에 간행된 홍만선의 『증보산림경제』에는 이렇게 써 있다.

> 동해의 북쪽 연안에서 잡히는 것은 껍질이 두껍고 비린내가 심해 맛이 없다. 남해에서 잡히는 것이 구이에 좋다. 또 살짝 말렸다가 구워먹으면 맛있다. 서해에서 잡아 올려 만든 '관목'은 지짐이를 해먹으면 맛있다.

청어는 삼면이 바다로 둘러싸인 우리나라 어디서나 손쉽게 잡혀 각지의 서민생활을 지탱해준 생선이었음을 잘 알 수 있다.

비유어의 유래

청어라는 호칭은 드물게 전국적으로 통일되어 있어 혼동을 일으키는 일이 거의 없다. 다만 이상하게도 서울 지방에서만 지금도 청어를 '비웃'이라고 부른다. 비웃은 비유어(肥儒魚)가 변해서 된 말이라고 한다. 도대체 비유어란 무슨 뜻일까? 한마디로 말하면, 비유어란 유생들을 살찌게 하는 생선, 즉 유학을 열심히 공부하는 유생들에게 영양을 공급해준 생선이라는 의미이다.

조선시대는 유학이 번성한 시대여서 유학을 공부해 과거에 응시하려는 양반 자제들이 서원에 모여 실력을 갈고 닦았다. 서원이란 요즘말로 하면 민간사립학교라고 할 수 있겠는데, 학문이 뛰어난 유명한 선생님을 모시고 그 가르침을 공부하는 형식이었다. 교육기관이라서 각종 특권이 인정됐다. 많은 젊은이들이 서원에 모여들어 최전성기에는 전국에 그 숫자가 700~800여 교에 달했는데, 차츰 정비되어 이 제도가 폐지될 즈음에는 이름난 서원 47개만 남았다고 한다. 서원은 대부분 경상도와 경기도에 자리잡고 있었다. 여기서 공부하는 유생들의 영양공급에 빠트릴 수 없었던 식품이 말린 청어였던 것이다.

도노오카 히로시(外岡宏) 씨가 소책자 『공작정통신』에 '이조의 서원'이란 글을 연재한 적이 있다. 그 중에 관찰사 안현(安玹)이 쓴 『소수서원선록』(紹修書院膳錄)의 내용을 해설한 글에 서원과 청어에 관한 이야기가 나온다.

이 글에 따르면, 남해의 부산 근방에서 청어를 잡아 올려 거기서 소금간을 한 자반이나 생으로 말린 관목을 만들어 육로를 통해 200킬로미터 떨어진 경상북도 풍기에 있는 소수서원까지 운반했다고 한다. 16세기 중반쯤의 이야기이다. 육로는 김해를 거쳐 밀양·경산·하양·신녕·의흥·의성 그리고 안동을 지나 풍기에 이르는 먼길이었다. 길도 험한 길이거니와 운반이 여간 힘든 작업이 아니었다.

그리고 유생 한 사람 당 하루에 청어 4마리를 먹는다는 계산이 나와 있었다고 한다. 이는 현재의 동물성식품을 섭취하는 방식과 비교해도 결코 뒤지지 않는 양이다. 이 당시 유생들의 식생활 속에서 청어가 얼마나 중요한 식품이었는지 충분히 짐작할 수 있다.

또한 청어를 서원에 공급하는 일은 조정에서 보증했으며, 청어가 남아돌면 팔아서 서원 운영에 보탰다고 한다. 서원 입장에서 보면 청어는 없어서는 안 될 귀한 물품이었을 것이다.

이러한 경위에서 누가 처음에 그렇게 불렀는지 모르겠지만 어느 새인가 청어를 별칭 '비유어'로 부르게 된 것 같다. 더구나 현재 이 호칭이 남아 있는 지역은 조선시대 때 서원이 집중돼 있던 서울 지방이니, 이 설은 납득이 간다.

청어잡이의 성쇠

우리나라에서 대량으로 잡히는 청어였지만 성쇠의 곡선을 몇 번이나 반복했던 것 같다. 그런 사실은 여러 기록에서 확인할 수 있다. 전라도 서해안에 위치한 위도는 예로부터 청어가 잘 잡히는 어장이었는데 1505년 이후부터 전혀 잡히지 않게 되어 어민들의 생활이 몹시 곤궁하게 됐다는 상소문이 1511년 조정에 올라왔다.

그로부터 약 100년 뒤인 1614년에 출간된 이수광의 『지봉유설』

에도 해마다 봄이면 서해와 남해에서 많이 잡히던 청어가 1570년 쯤부터 잡히지 않는다는 기록이 있다.

이를 뒷받침이라도 하듯이 1611년에 나온 『도문대작』에 다음과 같은 구절이 나온다.

……이전에는 아주 천한 생선이었는데 고려시대 말기(14세기 말)부터 쌀 한 되를 주고도 청어 40마리밖에 살 수 없게 됐다. 나이든 목사(牧使)는 이를 시로 읊어 "이 세상이 어지럽고 흉년이 드니 만물이 조락(凋落)하고 청어도 볼 수 없게 됐구나" 하고 한탄했다. 명종(1545) 이전에도 쌀 한 되에 50마리는 살 수 있는 비율이었다. 그런데 지금은 거의 구경도 할 수 없으니 괴이한 일이다.……

즉 14세기 말과 16세기 초, 그리고 16세기 중반 이후에 각각 청어가 잡히지 않던 시기가 있었음을 알 수 있다.

또한 이런 사실은 1814년에 정약전이 편찬한 『자산어보』에도 자세히 나와 있다.

동해와 서해에 산란기가 되면 청어가 바다를 뒤덮을 듯이 밀려들어 청어잡이가 1750년 이후 10년 동안 가장 전성기를 이루었으나 그 뒤에 일단 쇠퇴했다가 1802년에 다시 많이 잡혔다. 1805년에 또 쇠퇴했다가 그 뒤에 세 번째 전성기를 이루었다.

『비변사선록』(備邊司膳錄, 1854)에도 서해안에서 청어잡이를 하고 있던 어부들이 청어가 줄어드는 바람에 큰 타격을 입었다는 사실이 적혀 있다. 이처럼 청어잡이는 성쇠를 거듭하면서도 20세기 초에 잡히지 않게 될 때까지 우리나라 사람들에게 귀중한 식량 자원이었다.

지금은 청어가 잘 잡히는 것 같지 않다. 최근에는 일본 근해에서도 마찬가지이다. 일본 홋카이도에서 청어가 산더미처럼 잡혔다는 이야기는 이제 까마득한 옛일이 됐다. 홋카이도 민요에 등장하던 청어 붐이 이제 다시는 찾아오지 않을지도 모르겠다.

한반도 연안과 일본 홋카이도 연안의 청어잡이는 그 성쇠의 곡선이 이제 밑바닥을 쳤을지도 모르고 또다시 풍어의 물결이 밀어닥칠 날이 찾아올지도 알 수 없다. 혹은 예전과는 다른 원양어업이나 어획기술의 발달로 인해 아예 그런 싹이 잘려나갔을지도 모른다.

서민들의 식탁에 단골로 오르던 청어가 이런 사정 때문인지 최근에는 더이상 값싼 생선이 아니다. 다시 한번 청어떼가 밀물처럼 밀려오는 날을 기대해 본다.

조기

이 생선은 종류가 많고, 일본에서는 부르는 호칭도 다양하다.

우리나라에서는 이 생선의 종류를 통틀어 조기라고 부른다. 관혼상제 때에도 자주 상에 오르는 귀한 생선이다. 또 조기의 살을 잘게 발라 넣고 끓인 죽은 노인과 아이들의 영양식으로 귀한 음식이었다.

맛이 뛰어나며 그 영양분이 기운을 북돋아준다는 의미에서 조기(助氣)라고 불렀다고 한다. 또한 문헌에 발음은 같지만 조기(朝起), 조기(曹機)라는 한자도 등장한다.

오래 전의 한자표기에는 조기와 다른 호칭도 여럿 나온다. 그 중에 널리 알려진 것이 석수어(石首魚), 석어(石魚), 유수어(蹲水魚)이다. 또 '보구치'로 부르기도 했다. 보구치와 같은 생선을 일본에서 '시로구치'(白グチ)라고 부르는데 '구치'가 같은 발음이어서 흥미롭다.

석수어, 석어라는 이름은 일본어의 '이시모치'(石持)와 같은 발상에서 나온 것으로 보인다. 머리 안에 돌처럼 생긴 것이 두 개 들어 있는 데서 붙여진 이름이다. 유수어는 봄이 되면 해류를 타고 회유해 오는 생선이라는 의미에서 그같은 이름이 붙여졌다고 한다.

또 이 생선은 '전라도 명태'로 불릴 만치 전라도의 서해안 일대를 중심으로 한 근해에서 많이 잡혔다. 지금은 급격하게 감소했지만 얼마 전까지만 하더라도 서해안의 조기는 어획량에 있어서나 식생활에서 차지하는 위치에서나 동해안의 명태보다 더하면 더했지 결코 덜하지는 않았다.

『자산어보』에 따르면, 유수어 즉 조기떼를 만난 어부들이 어망을 쳐서 물고기를 잡아 올렸는데 산더미처럼 너무 많이 잡혀 다 배에 실을 수 없었다고 한다. 이 대목에서 당시에 조기 어업이 성황이었음을 엿볼 수 있다.

조기는 구워 먹어도 좋고 조려 먹어도 맛있다. 찌개를 끓여 먹기도 하며 물이 좋은 신선한 것은 회를 떠서 먹는다. 또 삼삼하게 간 한 조기는 조선시대 궁중요리에 등장할 정도로 유명하다.

소금간을 하는 방법은 신선한 조기를 가져다 내장을 빼고 비늘을 긁어낸 뒤 아가미와 뱃속에 소금을 넉넉히 쳐서 항아리에 한 마리씩 가지런히 넣고, 그 위에 소금을 골고루 뿌린다. 이렇게 한 켜씩 차곡차곡 담아 맨 위에 무거운 돌을 얹고 물이나 공기가 들어가지 않도록 꼭 싸매어 둔다. 5월 중순에서 6월 중순까지 약 한 달 동안에 만들어 10월쯤에 꺼내 먹는 것이 좋다고 한다.

『임원십육지』에 따르면, 일단 소금간을 했다가 꾸덕꾸덕하게 말린 건조식품이 당시 상품으로 전국에 유통됐는데 신분의 귀천과 관계없이 누구나 다 좋아했으며, 바닷고기 중에 맛이 으뜸가는 생선으로 정평이 나 있었다고 한다.

염건(鹽乾)제품, 굴비

조기의 맛을 제대로 맛보려면 뭐니 뭐니 해도 말렸다가 구워 먹어야 제맛을 알 수 있다. 너무 딱딱한 것은 물에 좀 담갔다가 참기름을 발라 구워 먹으면 아주 맛있다. 꾸들꾸들하게 반건조시켜 참기름을 발라 구워 먹어도 정말 맛좋다.

그런데 맛있는 조기를 말린 상품 중에서도 최고로 치는 것이 바로 '굴비' 이다. 조기가 많이 잡히는 전라도 지방에서 유명하며, 특히 전라남도 영광에서 만든 것은 옛 방법대로 건조시켜 굴비 하면 '영광굴비' 라고 할 정도로 유명하다.

굴비는 소금간 한 것을 숯불로 건조시킨 것이다. 일종의 훈제와 같은 방법으로 건조시켜 그 풍미가 그냥 소금간만 한 것에 비해 조금 색다른 맛이 난다.

영광의 서쪽해역에 위치한 위도와 칠산탄 부근이 조기가 산란하러 모여드는 곳이다. 이곳에서 3월 상순부터 4월 상순까지 약 한 달 동안 조기잡이가 이루어진다. 3월 초 파리가 적게 날리는 시기에 만든 굴비를 상품(上品)으로 친다.

이곳에서 생산되는 말린 조기를 굴비라고 부르게 된 데는 그 까닭이 있다.

고려왕조 17대 임금 인종(1122~1141)의 외조부인 이자겸은 왕의 친척임을 내세워 권력을 제멋대로 휘둘렀다. 이자겸에게는 딸이 네 명 있었는데 둘째 딸을 선대왕의 비로 바쳤다. 그러니 인종은 그의 외손주뻘이 되는 셈이다. 권력에 눈이 돌아간 이자겸은 셋째 딸을 어린 외손주인 인종의 비로 삼게 했다. 즉 인종은 이모를 부인으로 맞이한 격이 됐다. 인륜을 중시하는 주위 사람들에게서 빈축을 샀지만 그는 아랑곳하지 않았고, 주위 사람들도 하늘 같은 권세 앞에서 어찌해 볼 도리가 없었다.

이렇게 해서 인종은 이름뿐인 왕, 즉 주요 관직을 이자겸의 친인척이 독차지했음으로 마치 이자겸의 로봇과도 같은 존재가 됐다. 인종은 18세가 되자 자기가 어떤 존재인지 알아차린다. 그래서 측근들과 힘을 모아 이자겸과 그 일족을 잡아들여 전라도 영광(현 정주) 지방으로 유배를 보냈다.

한순간에 부귀영화의 자리에서 나락으로 떨어진 이자겸은 유배지인 정주에서 말린 조기를 먹어보고 그 맛에 반했다. 그것은 일찍이 한양에서도 먹어본 적이 없는 맛이었기에 말린 조기를 자기 이름으로 왕에게 진상했다. 그때 이자겸은 자기가 이 생선을 먹고 건재하다는 것을 세상에 알리고, "자신은 결코 비(非)에 굴(屈)하지 않았으며 어디까지나 떳떳하다"는 의미를 담아 말린 조기에 '정주굴비'라는 이름을 붙여 진상했다고 한다.

이같은 이유로 그 지방에서 소금간 해 말린 조기를 굴비로 부르게 됐다고 한다. 이 이야기는 김관봉이 지은 『한국풍물수필』에 나온다.

서해안 영광 지방에 전해오는 조기의 굴비염건법은 동해안 신포 지방을 중심으로 이루어지는 명태의 동건법과 아울러 전국적으로 유명하다. 조기의 염건법과 동태의 동건법은 우리 민족이 고안해낸 뛰어난 생선의 저장법이며 또한 맛있게 조리해 먹는 한 방법이기도 하다.

건강을 위해 염분을 적게 섭취하도록 신경을 쓰는 것이 오늘날의 현상이니, 염분의 농도를 좀 줄여 심심한 굴비를 만드는 것은 어려운 일이 아닐 것이다.

삼면이 바다로 둘러싸인 한반도는 수산자원이 풍부해서 식생활에서 생선이 차지하는 비중이 컸다. 원양어업도 활발해짐에 따라 식탁에 오르는 생선의 종류도 다양해졌다. 예로부터 흔히 먹던 생선을 보면 다음과 같다.

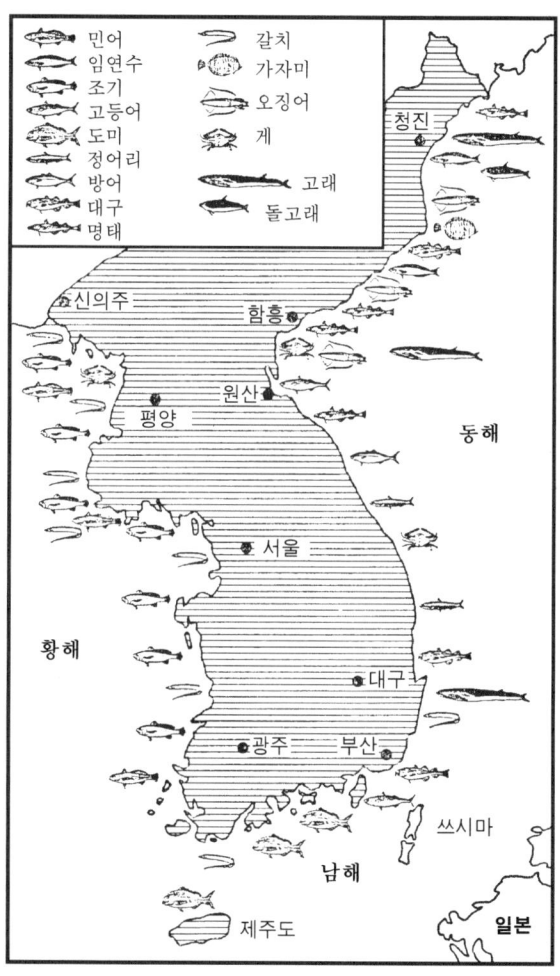

술

예로부터 술은 집에서 빚어 먹는 음식이어서 우리네 생활과 친숙했건만, 그 구체적인 주조법은 옛 기록에 별로 남아 있지 않다.

현재 확인할 수 있는 가장 오래된 기록은 조선시대 17세기 전반쯤에 나온 『음식디미방』(飮食知味方)이다. 이 책에는 양반집의 어머니가 딸에게 전수하는 요리법이나 사위를 주려고 만들던 술의 주조법이 자세히 적혀 있다. 이 책은 그 집안에 대대로 내려오던 전통적인 요리법과 주조법을 후대에 전하고자 엮은 것인데, 책을 엮은 주부가 선대로부터 전해오던 방법을 적은 것으로, 여기에 수록된 내용들은 16세기 전반쯤까지 거슬러 올라간다.

그 밖에 18세기 말부터 19세기 초에 나온 『규합총서(閨閤叢書)·주식(酒食)편』이 있다. 같은 시기에 나온 『양주방』(釀酒方)도 술 빚는 방법은 두 책 다 크게 차이가 없으며, 앞에 나온 『음식디미방』의 술 빚는 법을 기본적으로 따르고 있다. 이들 문헌에 의거해 술 빚는 법을 중심으로 우리나라 주조법의 특징을 정리해 보자.

누룩을 만드는 법

술을 담그려면 먼저 누룩을 빚어야 한다. 누룩을 빚을 때도 손 없는 날인 신미(辛未)·을미(乙未)·경자(庚子)날을 택해 빚었다.

술을 빚는 데 손 없는 날은 정묘(丁卯)·경오(庚午)·계미(癸未)·갑오(甲午)·을미(乙未)이다. 또 계절에 따라 봄에는 저일(氐日), 여름에는 항일(亢日), 가을에는 규일(奎日), 겨울에는 위일(危日)이 좋다고 했다. 이는 하늘에 있는 황도를 따라 천구를 28좌로 나눠 별자리를 표시한 것으로서 이것을 일컬어 28숙(宿)이라고 한다. 저(氐)와 항(亢)은 천구의 동남쪽이고, 규(奎)는 서북쪽, 위(危)는 북쪽에 위치한다.

우리나라의 누룩은 일본에서 현재 쓰고 있는, 쌀을 쪄서 곰팡이를 피운 것과는 달리 생밀로 만든다. 생밀을 거칠게 빻아 물을 넣고 되게 반죽한다. 이것을 천으로 싸서 둥근 모양의 나무 곽에 넣고 발로 밟아 다진다. 모양이 굳어지면 천을 벗기고 거적 위에 나란히 늘어놓는다. 다 된 것은 둥글고 넓적한 모양이다. 이 위에 또 거적을 덮어 누룩곰팡이의 번식을 촉진시킨다. 어두운 곳에 두기도 하지만 대개 처마 밑에 두었다. 이것이 '누룩'이다.

누룩은 '누르다'에서 온 말이다. 한자로는 국자(麴子), 곡자(麯子)로 쓴다. 누룩 만들기를 가리켜 '디디다'라고 하는 것은 밟아 다진다는 의미에서 온 것이다. 이 누룩의 표면에 누룩곰팡이가 피어나면 하루쯤 햇볕에 말렸다가 다시 거적을 덮어 누룩곰팡이가 증식하기를 기다린다. 한낮에는 태양의 직사광선을 피해 거적을 덮어두고, 밤에는 거적을 벗겨 밖에 내다 밤이슬을 맞힌다. 이를 며칠이고 반복한다. 이것을 보존했다가 술을 빚을 때 곱게 가루로 빻아 쓴다.

보통 누룩은 밀이 수확되는 음력 6월 중에 빚는 것이 좋으며 늦어도 7월 초쯤까지는 빚어야 한다고 했다. 이즈음 한반도의 기온과 습기는 누룩곰팡이가 번성하기에 적당하다. 비가 와서 기온이 내려간 날에는 밀을 반죽할 때 뜨거운 물을 넣어 온도를 유지해 누룩곰팡이가 피기 쉽게 한다. 흰색에서 누르스름한 곰팡이가 피면 누룩곰팡이(아스페르길루스 오리제 또는 리조프스)가 잘 핀 것이며, 거무스름한 곰팡이(아스페르길루스 니가)가 피어 거무죽죽한 색을 띠면 실패한 것이다.

쌀로도 누룩을 만들었다. 멥쌀을 씻어 하룻밤 물에 담갔다가 이튿날 다시 씻어 가루로 빻아 잘 반죽한다. 큰 주먹만한 덩어리로 모양을 빚어 짚으로 싼 뒤 가마니에 넣어 온돌방의 뜨듯한 아랫목에 둔다. 몇 번이고 주먹만한 덩어리를 뒤집어준다. 누르스름한 옷을 입으면 누룩이 잘 뜬 것이다. 이 누룩을 보존했다가 술을 담글 때 껍질을 벗기듯 깎아 곱게 빻아 사용한다. 쌀로 만든 떡곰팡이라고 할 수 있다. 이밖에도 녹두로 만든 누룩도 있다. 향온주(香醞酒)라는 술을 빚을 때는 거칠게 빻은 생밀의 분량에 대해 10분의 1의 비율로 녹둣가루를 섞어 썼다.

전국(醱)의 재료

술을 만드는 주재료는 쌀이며, 멥쌀과 찹쌀, 밀이 쓰인다. 쌀은 될 수 있는 한 하얗게 찧은 것이 좋다고 했는데, 그 당시에도 그렇게 하는 것이 술 빚기에 적합하다는 점을 알고 있었을 것이다.

맨 처음에 빚는 '밑술'은 대개 쌀을 그대로 사용하지 않고 가루로 빻아 죽처럼 쑤어서 누룩을 섞든지, 쌀가루를 잘 반죽해 떡처럼 쪄서 다시 잘게 부숴뜨려 누룩을 섞든지, 또는 밀가루로 풀을 쑤어 누룩을 섞든지, 모두 가루를 내어 쓴다. 이는 밑술의 누룩 발효를 촉진시키기 위해서이다.

두 번째로 빚는 '덧술'은 꼬들꼬들하게 찐 소위 술밥을 지어서 쓰며, 대개 찹쌀을 사용한다. 약주를 만들 때는 멥쌀로 밑술을 빚고, 찹쌀로 덧술을 빚어 넣는 것이 보통이다. 그 다음번의 덧술은 또 멥쌀을 쓴다. 그러나 처음부터 멥쌀만으로 또는 찹쌀만으로 술을 빚는 경우도 있다. 술을 빚을 때 일본에서는 주로 멥쌀을 쓰는 것과 달리 우리나라에서는 찹쌀과 생밀가루를 흔히 쓴다.

주의해야 할 점은 떡이나 밥을 충분히 쪄서 설익지 않도록 해야 한다. 또 태워서 탄내가 나지 않도록 주의해야 한다. 표준적인 분량은 쌀 한 말에 대해 누룩이 한 되, 밀가루는 세 홉이다(『음식디미방』).

소줏고리의 증류 원리

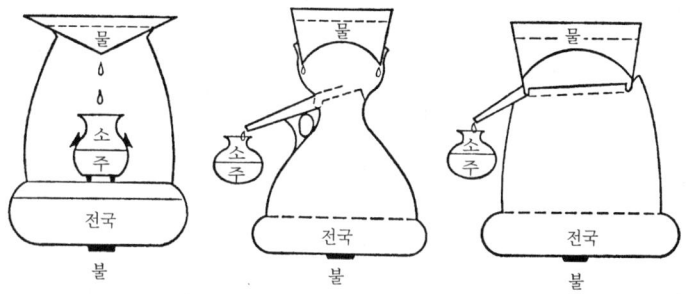

술독의 관리

술독은 크고 갈색 윤이 나는 것이 좋다고 했다. 독의 안팎을 깨끗이 씻고 소나무 생가지를 독 안에 가득 넣고 솥 위에 거꾸로 세워 증기를 충분히 쐬워 살균한 뒤 술독으로 쓴다. 간장독이나 김칫독으로 썼던 독은 피한다. 술을 빚는 동안 날씨가 추우면 술독을 가마니로 싸매고, 바닥에는 두꺼운 깔개를 깐다.

술독의 주둥이는 두꺼운 종이나 기름종이로 잘 밀봉한다. 발효가 시작되면 종이를 걷어내고 시루를 올려 가스가 빠져나가도록 한 뒤 발효가 끝나면 다시 종이를 덮어 밀봉한다. 이 일을 게을리 하면 술맛이 변한다고 한다.

다 익은 술을 담는 항아리는 반드시 끓는 물로 깨끗이 씻어 물기를 다 말린 다음에 쓴다. 시간이 없을 때는 끓는 물로 씻은 뒤 소량의 술로 헹구어 그 술은 버리고 나서 쓴다. 술을 담는 항아리는 직접 땅에 닿지 않도록 한다. 이것은 지기(地氣)에 의해 술맛이 변하는 것을 방지하기 위함이다. 술을 푸는 국자와 바가지도 깨끗이 씻어 물기가 완전히 마른 뒤에 사용해야만 하며, 만약 그렇게 하지 않으면 술독의 술맛이 변한다. 술을 다 마셔 술독이 비면 끓인 물에 무명행주를 헹궈 물기를 꼭 짜서 독 안을 말끔히 훔쳐낸다. 독에 술 냄새가 배지 않게 하기 위해서이다.

술 빚는 데 실패하는 원인은 독을 깨끗이 씻지 않았든지, 쌀의 분량을 잘 맞추지 못했든지 둘 중의 하나라고 한다. 술을 빚을 때는 찬 샘물이나 첫새벽에 길어온 물을 쓴다. 또한 『규합총서』에 따르면 술에서 시큼한 맛이 날 때는 팥을 볶아 면 주머니에 담아 술독에 넣어두면 시큼한 맛이 사라진다고 했다.

술 빚는 법

약주

『규합총서』에 기록되어 있는 약주 만드는 법은 다음과 같다.

멥쌀 두 되 반을 깨끗이 씻어 물에 불렸다가 가루를 낸다. 물을 넣고 잘 반죽해 둥글게 모양을 빚어 한 번 쪘다가 다시 잘게 부숴뜨려 가루를 내어 풀을 쑨다. 쌀가루를 그대로 쓸 때는 솥에 일곱 잔쯤 물을 붓고 펄펄 끓으면 쌀가루를 넣고 일단 불을 약하게 줄인 다음 한참 두었다가 잘 젓는다. 이것을 다른 용기에 담아 하룻밤 식혀서 쓴다.

여기에 밤이슬을 맞혀 축축하게 한 뒤 가루로 빻은 누룩(밀가루 누룩) 반 되를 합쳐 잘 섞어 항아리에 넣고 밀봉해둔다. 추울 때는 실내에 두지만 항아리 밑에 가마니 같은 깔개를 깔면 좋다. 한 겨울에는 가마니로 덮어주고, 더울 때에는 서늘한 곳에 두는 것이 좋다 (밑술 만들기).

밑술이 잘 발효되면 찹쌀 다섯 되를 깨끗이 씻어 일단 고두밥을 찐 뒤 물을 한 컵쯤 뿌리고 다시 센 불로 뜸을 푹 들인다. 다 된 술밥은 큰 다라이 같은 데 퍼서 평평하게 한 뒤 하룻밤 식힌다. 여기에 찬물을 일곱 잔쯤 부어 잘 저어 밑술과 잘 섞는다. 항아리를 짚으로 싸맨 뒤 술을 넣고 단단히 밀봉한다. 21일(3주일)이 지나면 불을 항아리 안에 넣어보아 꺼지지 않으면 술이 잘 익은 것이다.

이렇게 시간과 정성을 들여 빚는 약주는 조선시대부터 우리나라를 대표하는 술이었다. 탁주 즉 막걸리가 우리나라의 전형적인 술이라고 생각하기 십상인데 반드시 그렇지만은 않다.

이러한 술이 무슨 까닭으로 약주로 불리게 됐을까?

앞에서 설명한 대로 술을 빚으면 밑부분은 침전해 색이 탁하게 흐려지고, 윗부분은 투명한 맑은 술이 된다. 이 투명한 맑은 술이 청주(淸酒)이고, 탁하게 흐려진 술을 탁주(濁酒)라고 한다. 보통 청주를 약주라고 한다. 다 익은 술 중에 맑은 청주는 양이 많지 않아 약처럼 구하기 힘들다는 의미에서, 또는 약의 성분이 윗부분의 맑은 술에 포함되어 있다는 의미에서 온 말인 것 같다.

그러나 선조(1567~1607) 때부터 청주를 약주로 부르게 됐다는 설도 있다. 서울 약현(藥峴)에 살던, 호가 약봉(藥峰)인 여성이 낙주(酪酒)라는 술을 빚었는데 거기서 '약' 자를 따서 이름을 지었다는 것이다.

또 술은 백약의 으뜸이니 단순히 술이라고 부르지 않고 '약' 자를 붙여서 왠지 우아한 분위기를 내려고 했다고 한다. 조선시대에 금주령이 내려졌을 때 술을 마시다 붙잡혀도 이것은 그냥 술이 아니라 병을 낫게 하는 약주라고 둘러대어 발뺌하는 구실로 삼았다고도 한다.

기본적으로 멥쌀로 밑술을 빚고, 찹쌀(찹쌀이 없을 때는 멥쌀)로 덧술을 빚는 것이 약주제조법이며, 여기서 얻어진 투명한 맑은 술을 약주라고 한다.

고급약주

앞에서 소개한 약주제조법은 밑술에 덧술을 한 번만 넣는 2단계 양조법이다.

덧술을 두 번 빚어 넣는 술, 즉 밑술과 합쳐 세 번 양조하는 방법이 고급약주를 빚는 법이라고 한다. 이를 춘주(春酒)라고 했는데, 때로는 한자로 춘주(春酎)라고도 썼다. 3단계 양조법이니만치 알코올 도수도 높고 투명도도 높다. 봄 '춘' 자를 쓰게 된 것은 이 술의 제조법이 중국 당나라에서 유래했기 때문에 그리된 듯한데, 대개 봄 '춘' 자가 붙은 술은 고급 약주류에 속한다.

고급약주로서 널리 알려진 술에는 호산춘(壺山春), 약산춘(藥山春), 니산춘(尼山春), 삼해주(三亥酒), 삼오주(三午酒), 벽향춘(碧香春), 일년주(一年酒), 사마주(四馬酒) 등이 있다.

먼저 삼해주에 관해서 보자.

이 술은 정월의 첫 해일(亥日. 일진(日辰)의 지지가 해(亥)로 된 날. 을해, 정해, 기해, 신해 등 — 옮긴이)에 담가 버드나무 가지가 살랑거릴 즈음에 맛본다는 의미에서 '류가주'(柳架酒)라는 이름으로 불렸다. 정취를 한껏 자아내는 이름이다.

정월에 해일을 골라 세 번에 걸쳐 술을 빚는 데서 삼해주로 불렸다. 삼해주는 조선시대 초기 이후에 널리 보급된 술의 한 종류이다. 봄 '춘' 자가 들어 있지는 않지만 세 번에 걸쳐 양조하는 술이니

'춘주'에 속한다. 조선시대 이전의 고려시대 때부터 삼해주가 춘주에 속했음은 각종 사전에서도 확인할 수 있다.

삼해주는 담그는 법이 몇 가지 있다. 조선시대 중반경부터는 소주에 포함되는 술로 분류되어 소주의 대명사격이 됐다. 『음식디미방』에 적혀 있는 제조법만 해도 네 종류가 있다. 그 중에 열 말을 빚는 방법은 다음과 같다.

정월의 첫 해일에 쌀 두 말을 깨끗이 씻어 하룻밤 물에 불렸다가 쌀가루를 빻는다. 이것을 끓인 물 세 말에 넣고 잘 저어 식힌다. 여기에 누룩 세 되와 밀가루 한 되 반을 잘 섞어 항아리에 넣어 밑술을 만든다. 두 번째 해일에 쌀 세 말을 깨끗이 씻어 하룻밤 물에 불렸다가 쌀가루를 빻는다. 끓인 물 네 말 반을 붓고 잘 저어 식으면 항아리에 넣는다. 세 번째 해일에 쌀 다섯 말을 깨끗이 씻어 하룻밤 물에 불렸다가 물기를 빼고 술밥을 찐다. 여기에 끓인 물 일곱 말 반을 붓고 잘 섞어 전에 빚어두었던 술과 합쳐 술독에 넣고 밀봉한 뒤 익으면 먹는다.

쌀은 세 번 다 멥쌀을 쓰는데, 다른 방법으로 밑술을 빚을 때는 찹쌀을 쓰기도 한다.

같은 문헌에 나와 있는 삼오주 열 다섯 말을 빚는 방법을 보자.

정월 첫 오일(午日. 일진의 지지가 오(午)로 된 날. 갑오, 병오, 무오 등 — 옮긴이)에 너무 덥지도 않고 춥지도 않은 곳에 술독을 둔다.

밀가루와 좋은 누룩가루를 각각 물 일곱 되에 풀어 잘 저은 뒤 항아리 네 곳에 나눠 넣어 밑술을 만든다. 두 번째 오일에 쌀 다섯 말을 깨끗이 씻어 하룻밤 물에 불렸다가 물기를 뺀 다음 술밥을 쪄서 뜨거운 기가 가시기 전에 항아리에 넣는다. 세 번째 오일에 쌀 다섯 말은 깨끗이 씻어 물기를 뺀 뒤 술밥을 쪄서 뜨거운 기가 가시기 전에 항아리에 넣는다. 네 번째 오일에 쌀 다섯 말을 같은 방법으로 쪄서 술독에 넣어두면 음력 5월 5일 단오절에 삼오주를 먹을 수 있었다고 한다.

오일은 손 없는 날이라고 해서 그날을 택해 술을 담갔으며, 세 번 빚는다고 해서 '삼오주'라는 이름이 붙었다고 한다. 그래도 밑술을 빚는 것까지 합치면 네 번 빚는 것이 된다. 이 방법과는 별도로 세 번 빚는 방법도 있다.

밑술을 빚을 때 밀가루와 누룩가루만으로 빚는 것이 이 술의 특징인 듯하다. 또한 삼오주를 맛보는 날이 단오절, 즉 한자의 오(午) 자가 붙은 날이라는 점이 흥미롭다.

일본에서 오늘날 술을 담그는 일반적인 방법은 밑술을 빚은 뒤에 덧술을 세 번 빚는 4단계 주조법이다. 일본의 주조법이 삼오주의 4단계 주조법과 같은 점도 흥미롭다.

속성주

지금까지 본 약주류는 양조하는 데 시간이 꽤 많이 걸린다. 이와는 달리 빨리 만들어 마시는 속성주라고 할 만한 술도 여러 종류가 있었다. 보통 술을 담그고 나서 일주일쯤 늦어도 열흘쯤 지나면 마실 수 있어, 열흘 안에 마실 수 있는 술이라는 의미에서 별칭 '순내주'(旬內酒)라고도 했다.

속성주는 약주를 빚을 때와 온도관리도 다르고, 약주처럼 2단계, 3단계에 걸쳐 술을 빚는 것이 아니라 1단계 즉 한 번만 빚어 마시는 점이 특징이다.

조선시대 초기부터 알려진 속성주만 해도 일일주, 삼일주, 칠일주, 시급주(時急酒), 두강주(杜康酒), 사철칠일주, 절주(節酒) 등이 있다.

일일주의 대표적인 주조법을 『음식디미방』에서 살펴보자.

누룩가루 두 말과 잘 익은 술 한 대접을 섞고 여기에 물을 타 잘 저어 둔다. 쌀 한 말을 깨끗이 씻어 꼬들꼬들하게 술밥을 찐 다음 함께 잘 섞어 항아리에 넣고, 냄새가 나지 않게 밀봉한다. 이리저리 옮기지 말고 따뜻한 곳에 가만히 놓아두면 아침에 빚어 저녁에 먹을 수 있다.

잘 익은 술을 누룩가루에 섞어 쓰는 것은 누룩의 발효작용을 촉진시키기 위함이다. 잘 익은 술이 누룩의 역할을 대신하는 것이다.

삼일주와 칠일주, 시급주도 담그는 방법은 기본적으로 일일주와 같다.

미리 누룩가루를 찬물이나 또는 끓인 물을 식힌 뒤 잘 풀어 저어 두었다가 술밥을 넣고 잘 섞어 술을 담그느냐, 처음부터 술밥과 누룩가루를 섞어 술을 담그느냐에 따라 술이 익을 때까지 걸리는 일수에 차이가 난다. 또한 여름이냐 겨울이냐 계절에 따라서도 주조법이 약간 다르다.

속성으로 빚은 이런 술은 관혼상제 때 접대용으로서 없어서는 안될 귀중한 술이었다. 특히 예기치 않은 손님이 찾아오거나 급작스레 상을 당했을 때는 속성주를 빚어 손님이나 문상객을 대접했던 것이다. 속성으로 빚은 술도 투명한 윗부분과 탁한 아랫부분으로 나뉜다. 일반 가정에서는 윗부분의 투명한 술을 청주라고 했고, 아래에 가라앉은 탁한 부분을 탁주 또는 막걸리라고 불렀다.

일본에서는 전후 혼란기에 재일동포들이 집에서 막걸리를 담가 내다 판 적이 있다. 그래서 '막걸리'(マッコルリ) 또는 '막가리'(マッカリ)라는 이름과 그 술맛을 알고 있는 일본 사람도 있을 것이다. 엄밀히 말하면 막걸리란 맑은 윗부분과 탁한 아랫부분을 구별하지 않고 모두 함께 섞어 채에 걸러 마시는 술을 일컫는다.

탁주와 탁배기

여기서 탁주 즉 막걸리에 관해 좀더 상세히 살펴보자.

막걸리란 누룩과 술밥을 잘 섞어 담근 술을 그대로 고운 채로 받쳐 거른 것이다. 뿌옇게 흐린 색이어서 말 그대로 '탁주'(濁酒)로 불렀다.

앞에서 언급한 약주 주조법에서도 맑은 윗술만 퍼낸 뒤 아래에 가라앉은 술지게미에 물을 붓고 잘 섞어서 채로 거른 것도 막걸리라고 했다.

또한 같은 재료를 가지고 술을 빚어도 투명한 맑은 술이 되기도 하고 탁한 술이 되기도 한다. 따라서 청주와 막걸리는 그 주조법이 엄밀히 구별되어 있는 것은 아니었다. 앞에서 서술한 속성주의 경우는 모두 다 탁주, 즉 막걸리인 것이다.

조선시대 때 일반적으로 말하는 탁주와 특별한 의미의 탁주를 구별해 부르게 됐다. 밀누룩으로 빚은 술의 맑은 윗술(청주)을 떠내고 남은 술에 물을 타 잘 섞어서 채로 받친 것은 탁주 즉 막걸리이지만, '탁배기'라고 구별해 불렀다.

한편 쌀누룩으로 만든 '이화주'(梨花酒) 같은 술을 진짜 탁주라고 했으며, 각기 주조법에 따라 다른 이름을 붙였다. 즉 쌀누룩으로 빚은 것은 '탁주'이고, 밀누룩으로 빚은 것은 '탁배기'라고 구별했던 것이다.

『음식디미방』에 나오는 이화주 한 말을 빚는 방법을 보자.

쌀 한 말을 깨끗이 씻어 곱게 가루를 내어 시루에 찐 다음 잘게 부숴뜨려 식힌다. 여기에 쌀누룩가루 세 되를 넣고 잘 섞어 항아리에 넣고 밀봉한다. 사나흘이 지나면 마실 수 있다. 색깔이 하얗고 된 죽과 같은 상태인데 물을 타서 마시면 좋다고 한다.

이 술은 배꽃이 필 즈음에 빚는 술이라서 이화주라는 이름이 붙여진 듯하며, 술의 색깔이 배꽃 같은 색이라는 의미도 있는 것 같다. 어쨌든 순수한 쌀누룩으로 빚은 이런 술만을 진짜배기 탁주로 불렀다는 점을 알았으면 싶다. 일본의 술은 모두 쌀누룩으로 빚는 술이니 만약 투명하게 거르지 않는다면 옛날 조선에서 마시던 이화주와 같은 술이 된다는 말이다.

그런데 주세법(1984년 당시)에서 탁주로 규정하고 있는 것은 위에서 본 탁주와는 아주 다르다. 탁주는 곡류 이외의 것으로 전분질인 것, 또는 감자와 고구마 종류, 당분과 물을 원료로 해 발효시켜 여과하지 않고 제조한 것으로서 누룩의 사용량은 원료 곡류의 총중량의 100분의 2.5 이하로 규정되어 있다.

게다가 시행령에는 쌀을 쓰지 않고 제조한 것으로 알코올 도수는 6도로 한다는 규정이 붙어 있다. 식량사정 때문에 이런 규정이 만들어진 것 같지만, 조선시대 때부터 마시던 탁주나 막걸리의 본 맛을 맛볼 수 없는 시기가 있었다. 지금은 옛날 식대로는 아니지만 곡

소줏고리

류를 쓸 수 있어 쌀막걸리를 맛볼 수 있다.

소주

　소주는 일본어로 '쇼츄'(燒酎)라고 한다. 한자로 노주(露酒), 화주(火酒), 한주(汗酒)라고도 쓰며, 별칭 백주(白酒), 기주(氣酒)라고도 했다. 또 입말로 '아라기주' 또는 '아라기' 라고도 불렸으며, 우리말에 독한 술을 가리켜 '아랑주' 라고 하는 것은 소주의 옛이름과 관계가 있다.

　한반도에 소주와 같은 증류주가 전래·보급된 것은 13~14세기 고려시대에 몽골족인 원나라의 침략을 받았을 때 대륙으로부터 전해진 것이라고 한다. 조선시대에 들어와서도 소주의 주조법은 크게 바뀌지 않았다. 가정에서도 손쉽게 가마솥과 시루, 가마솥 뚜껑을

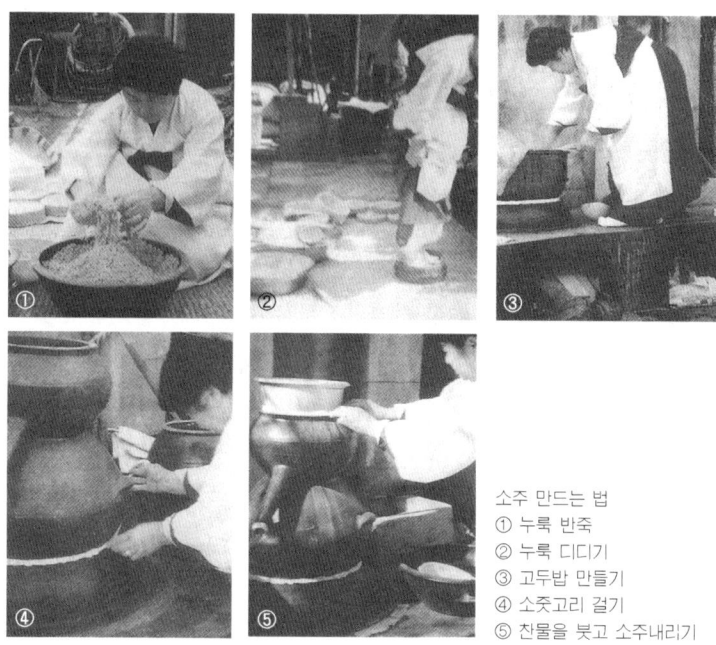

소주 만드는 법
① 누룩 반죽
② 누룩 디디기
③ 고두밥 만들기
④ 소줏고리 걸기
⑤ 찬물을 붓고 소주내리기

이용해 소주를 빚었다.

즉 가마솥에 술을 넣고 솥뚜껑을 뒤집어 덮은 다음 솥뚜껑에 찬물을 붓는다. 솥뚜껑 중앙에 있는 꼭지에 그릇을 매달아 놓는다. 이렇게 해놓고 불을 지피면 가마솥 안의 술에서 알코올이 증발해 솥뚜껑의 찬 기운에 닿아 물방울이 맺혀, 그 물방울이 솥뚜껑의 꼭지를 타고 내려가 그릇에 떨어진다는 원리이다. 지금까지 소주를 빚을 때 '소주를 내린다'고 하는 것은 이런 제조법에서 나온 말이다.

여기서 더 발전한 주조법이 고리법(古里法)이다. 증류장치가 2단계로 나눠져 설치되어 있다. 밑에 바치는 용기는 밑동이 널찍하고 윗부분이 좁으며, 위에 얹는 용기는 윗부분이 넓고 밑동이 좁다.

『규합총서』에 적혀 있는 노주(露酒)의 한 주조법을 보자.

멥쌀과 찹쌀을 각기 한 되씩 물에 담가 불렸다가 가루를 낸다. 누룩가루 아홉 되와 끓인 물 여덟 되에 쌀가루를 넣고 골고루 섞어 항아리에 넣는다. 3일 뒤에 찹쌀 두 말을 물에 불렸다가 꼬들꼬들한 술밥을 쪄서 식혀 밑술과 섞는다. 일주일 뒤에 이 술을 가마솥에 옮겨 붓고 가마솥 위에 고리를 걸고 연결 부분은 김이 새어나가지 않도록 밀가루를 반죽해 잘 봉한다. 고리 윗단에는 찬물을 부어둔다. 상수리나무와 보릿짚으로 불을 때는데 불길이 너무 세지도 않고 약하지도 않게 조절한다. 윗단에 얹은 용기의 찬물을 12번 바꾸어주면 소주가 부드러운 맛이 되고, 8번에서 9번 정도면 독한 맛이 남는다고 한다.

소주 주조법의 특징은 앞에서 본 약주 주조법과 마찬가지로 멥쌀과 찹쌀을 원료로 해 2단계 발효시킨 술을 쓰는 것과 불의 강약과 냉각수를 잘 조절함으로써 맛을 가감하는 것이다.

그런데 무슨 술이라도 증류하면 소주가 되기 때문에 온갖 종류의 소주를 만들어 즐겨 마셨다. 멥쌀과 찹쌀만으로 빚은 소주는 물론이고 밀, 보리, 옥수수, 수수, 고구마, 감자 등도 소주를 만들었다.

또 특별하게 가공하거나 약용재료를 넣은 약용소주도 발달했다.

약용소주에는 부재료를 원재료와 더불어 증류시킨 것과 부재료를 그대로 소주에 섞는 두 종류가 있다. 그 중에 몇 가지를 보면 붉은 누룩으로 만든 홍주(紅酒)와 보랏빛 나는 풀을 증류할 때 함께 증류한 감홍로(甘紅露)라는 소주는 지금도 마시는 유명한 술이다.

그 밖에 죽력고(竹瀝膏)와 이강고(梨薑膏)라는 것이 있다. '죽력고'는 대나무를 잘라 불에 태울 때 나오는 즙을 꿀에 섞어 소주와 합쳐 데운 것이며, '이강고'는 배와 생강즙에 꿀을 섞어 소주와 합쳐 데운 것으로 지금도 만들어 먹는다.

소주에 관련된 에피소드

원나라에 의해 전래된 소주는 처음에는 귀중품이어서 약으로 마시거나 소독용으로 사용됐다. 그러다가 일반 백성들이 소주를 마시게 되자 물의를 일으켰다는 기록이 남아 있다.

1588년(성종 21) 4월에 궁중에서 소주를 둘러싼 공방이 벌어졌다.

"세종조 때에는 사대부의 집안에서도 소주를 마시는 일이 드물었는데 지금은 보통 술자리에서도 소주를 쓰니 그 비용이 막대하게 듭니다. 그러하니 소주를 금해야 할 것이옵니다. 또한 관리가 궁궐 안에서도 술을 마시는 일이 있는 것 같은데 이것도 금지해야 하옵니다."

사간(司諫)의 직책을 맡은 신하가 왕에게 이렇게 간언하자 왕이 대신들에게 의견을 물었다.

"이 일은 궁중에서 결정할 일이 아니라 행정부가 결정할 일인 줄 아오. 대신들의 생각은 어떠한가?"

"이제 와서 금지하는 것은 어려운 일인 줄 아뢰옵니다."

"소주가 비싸게 친다는 것은 누구나 다 아는 사실이오니 마실 여력이 없는 자는 안 마시면 될 것이옵고, 여유가 있어 마실 수 있는 자에게 국가가 개입해서 소주를 금하는 것은 어떠하온지요."

대신들은 이렇게 소극적인 의견을 내었다. 이 대목에서 대세가 소주를 마시는 쪽으로 기울어졌음을 엿볼 수 있다. 소주는 머지않아 한반도의 자연조건에 맞는 술로서 대중들 사이에 뿌리내렸다.

그 밖의 술

소주는 아니지만 양조주에 각종 한약재료를 넣어 만든 이른바 약용주의 종류도 많았다.

대추와 잣, 통후추, 꿀, 계피를 헝겊주머니에 싸서 청주를 담아둔 술항아리에 넣어두었다가 항아리째 중탕한다. 이것을 '자주'(煮酒)라고 했다. 지금도 가정에서 만들어 마신다. 일본의 '도소주'(屠蘇酒)도 한약을 술에 담갔다가 양력 정월 초하룻날에 마시는 일종의 '자주'이다. 이 밖에도 소자주(蘇子酒), 오가피주, 구기주, 인삼주

등이 있다.

양조주 가운데 '감주'라는 달짝지근한 술이 있다. 감주는 일본에서 보리싹으로 만든 '아마자케'(甘酒)와는 다른 술이다. 재료는 대개 찹쌀을 쓰며, 물을 적게 붓는 것이 이 술의 특징이다. 보통 1단계 발효과정만 거치는 속성주의 한 종류이다.

감주에 속하는 유명한 술로는 청감주(淸甘酒), 점감청주(粘甘淸酒), 감향주(甘香酒), 점주(粘酒), 경조향주(鵙鳥香酒) 등이 있다.

포도주를 마신 기록은 고려시대까지 거슬러 올라가지만, 포도주의 양조 사실은 조선시대 중기쯤에야 문헌에서 확인할 수 있다. 이 밖에도 술에 향기를 첨가한 가향주(加香酒)도 다 셀 수 없을 만큼 종류가 많다.

한반도에 뿌리를 내린 주조법에는 한민족의 지혜가 숨어 있었으며, 오랜 역사와 더불어 발전하고 변천을 거듭하는 과정에서 다양한 종류의 주조법이 기록으로 남아 있다. 『음식디미방』을 쓴 여성의 집안에는 48종류의 주조법이 있었으며, 『양주방』을 남긴 사람의 가정에는 74종류에 달하는 주조법이 있었다.

하지만 현재 이런 주조법이 전부 다 남아 있지는 않다. 일제에 의한 36년간에 걸친 식민지지배와 그때 발포된 주세법으로 말미암아 한민족이 대대로 만들어왔던 술은 거의 자취를 감추었다. 나는 이것을 '없어진 술'이라고 부르고 있다.

식민지시대에 일본과 똑같은 세법 아래 주조법이 획일화됐기 때문에 각 가정에서 빚어 마시던 가양주(家釀酒)는 그 자취를 감추고 만 것이다. 참으로 애석하기 짝이 없는 노릇이다. 지금 옛날에 빚어 마시던 술을 남아 있는 기록을 보면서 다시 한 번 부활시키는 일은 갖가지 장애요인이 많아 현실적으로 어렵다고 한다.

고대에 한반도와 일본열도는 술 만드는 법이 서로 연결되어 있었으며, 그 뒤 역사적인 흐름에 따라 각기 술 만드는 법이 다르게 변천했지만, 식민지시대 전의 한반도에는 다양하고 맛있는 술이 셀 수 없을 만큼 많았다.

차와 음료

숭늉

우리나라에서는 밥을 먹은 뒤에 숭늉을 마셨다. 솥에 밥을 지은 뒤에 다 퍼내고 솥이 식기 전에 물을 붓고 끓이면 밑바닥에 눌어붙은 누룽지와 남은 밥이 적당히 불어 물에 떠오르는데 이것을 식후에 입가심으로 마셨다. 식후에 반드시 차가 나오는 일본의 풍습과 비교하면 상당히 다르다.

숭늉이 없을 때는 보리차나 옥수수차가 나오는 경우도 있지만 식후에 찻잎을 이용한 음료는 나오지 않는다. 요즘이야 누룽지가 생기지 않는 전기밥솥에 밥을 지어 좀처럼 숭늉을 마실 수 없게 됐다. 그런 가운데 각종 약용 차가 인기를 끌고 있다.

우리나라에서도 차나무 잎을 재료로 한 음료가 없었던 것은 아니다. 차는 예로부터 많이 마셨는데 조선시대 중엽부터 그 모습을 감추었다. 거기에는 무슨 까닭이 있었을까?

김유신과 장수(漿水)

산 좋고 물 맑은 한반도의 물은 중국대륙과 달리 그대로 생수로 마시기에도 적합하고, 다른 음료를 만들어 마셔도 좋은 물이었다.

고대 삼국시대에 '장'(漿)이라는 시큼한 맛이 나는, 집에서 만든 음료수가 있었다. 이 물과 관련된 유명한 이야기가 있다.

『삼국사기』에 따르면, 신라의 장군 김유신이 싸움에 이겨 다른 전장으로 부임하는 길에 일부러 자기 집 앞을 지나면서 부하에게 '장수'(漿水)를 가져오게 했다고 한다. 그 물을 맛보았더니 평상시와 다르지 않은 좋은 맛이었기에 다음 싸움에서도 이길 수 있겠다는 확신을 가지고 출진했다는 것이다.

여기서 말하는 '장'(漿)은 간장의 '장'(醬) 자와 한자가 다르다. 쌀과 조 따위로 된밥을 지어 뜨거운 기가 가시기 전에 항아리에 넣고 깨끗한 물을 부은 뒤 밀봉해 발효시킨 것이다. 중국의 농업서 『제민요술』(齊民要術)에도 만드는 법이 나오는데, 식초 같은 조미료로서 사용했다고 한다. 신라에서도 조미료로 썼는지 아니면 음료로 마셨는지 확실하지는 않지만 가정에서 만들어 마시던 귀중한 '가공수'(加工水)였던 점은 분명하다. '장'은 유산을 발효시킨 청량음료였다고 보는 견해가 일반적이다. 그러나 조선시대에는 이 음료를 마시지 않았다.

최근에 청량음료수가 범람해 빈 깡통 공해의 원흉이 되고 있지만 요즘에 마시는 청량음료수는 대부분이 서양에서 기원한 것이다. 아시아의 쌀을 이용해 손수 만든 청량음료가 어떤 것이었는지, 개량해서 간단히 가정에서 만들어 마실 수는 없는가 하는 생각이 든다.

차의 전래와 보급

『삼국사기』를 보면 불교와 더불어 차를 마시는 풍습이 중국에서부터 전래된 것은 7세기 신라의 선덕왕 때라고 한다. 하지만 6세기에 불교의식인 팔관회 법이 정식으로 제정된 것으로 미루어 이미 그 즈음에 일부에서 차를 즐겼으리라는 것은 알 수 있다.

한국의 다도(茶道) 연구자 김명배 씨가 김해 백월산에 1~2세기쯤 인도에서 가져온 차의 종류가 있었다고 지적했다. 그리고 다도의 시작은 우리나라가 중국보다 시기적으로 빨랐음을 문헌자료를 이용해 뒷받침했다. 이렇게 되면 한반도의 차문화는 아주 옛날부터 있었다는 말이 된다.

종래에는 828년에 견당사(遣唐使) 김대렴(金大廉)이 중국에서 구해 가지고 들어와 지리산에 파종한 것이 최초라는 견해가 일반적이었다. 차를 마신 기록이 7세기경부터 나오는데 9세기까지 차를 재배하지 않았다면 그간에 불교의식에 쓰이던 차는 어떻게 조달했는지 평소에 의문스럽게 여기고 있던 차에, 김명배 씨의 연구로 이런 의문이 눈 녹듯이 사라졌다.

4세기쯤부터 불교가 서서히 전파되어 6세기에 신라와 백제가 불교를 국교로 삼음으로써 불교의식이 한반도 전역에 정착했다. 차를 마시는 풍속이 성했음을 상상하기란 그리 어렵지 않다.

특히 불교는 10세기 초에 성립된 고려왕조의 보호를 받으며 크게 융성했다. 역대 왕은 부처의 제자임을 자인할 정도였고, 사원의 세력도 증대했다. 그와 더불어 차를 마시는 풍습도 절정에 이르렀다.

대규모 사원은 차를 전문으로 바치는 차밭을 소유하고 있었고, 찻물 전용의 샘도 있었다. 사원은 많은 신자를 부려 차나 국수를 제조하거나 술을 빚는 일에도 손을 대었다.

궁중에는 다방(茶房)이라고 해서 차를 공급하는 부서가 따로 설치됐다. 연등회나 팔관회 같은 국가적인 의식은 차(茶)를 올리는 예(禮)부터 시작됐으며, 외국 사신을 접대할 때에도 반드시 차를 내었다. 특권계층 사이에서는 차가 선물로 쓰였다. 당연히 차를 마시는 법도가 정해졌고, 소위 다도가 일정한 격식을 갖추게 됐다.

이에 따라 차와 함께 먹는 다식(茶食)이 유행했다. 다식을 만드는 도구인 다식판은 다도가 쇠퇴한 오늘날에도 과자나 떡을 만들 때 사용되고 있다. 차의 도구도 발달했다. 유명한 고려자기에는 이와 관련된 것이 적지 않다.

지리산 기슭을 중심으로 한 전라남도와 경상남도의 따뜻한 지방에 유명한 차밭이 많이 있었다는 사실이 기록되어 있다.

그런데 고려시대에 전성기를 자랑하는 다도문화가 조선시대에 들어 차츰 쇠퇴하기 시작해 머지않아 그 모습을 감추게 된 것은 무슨 까닭일까?

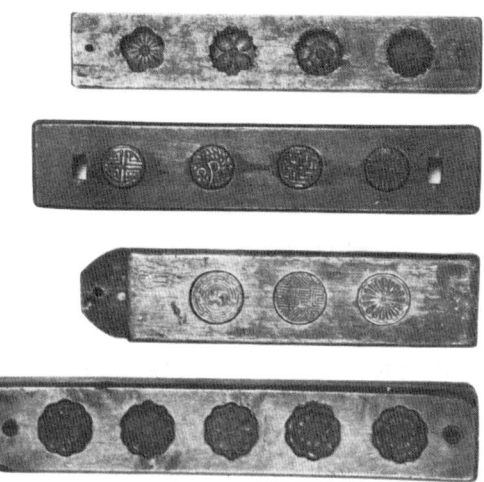

다식판
고려와 조선시대에 차를 마시며 먹던 과자를 만들던 판으로 지금은 떡 만드는 데 쓰인다.

다도가 쇠퇴한 이유

가장 큰 원인으로 들 수 있는 것은 조선시대 이성계가 '숭유억불'(崇儒抑佛) 정책을 취한 것이다. 지금으로 말하면 쿠데타로 1392년에 정권을 잡은 이성계가 그때까지의 정치를 쇄신하고 백성들의 지지를 얻기 위해, 특권계급을 등에 업고 갖가지 권력을 행사하던 불교를 비난하는 한편 유교 윤리를 전면에 내세웠다.

불교가 배척되는 과정에서 차를 마시는 풍습만 남을 리가 없었다. 사원은 부수어지고 차밭의 차나무도 잘려나갔다. 차를 즐기던 사람들이 손가락질을 받게 되자 다도도 쇠퇴하지 않을 수 없었다. 머지않아 차밭도 차를 제조하던 곳도 차의 주요 생산지였던 경상도와 전라도에서 그 자취를 감추었다. 조정에서 차밭의 소유자와 차밭에 대해 가혹한 세금을 부과한 것도 일반 사람들을 차에서 멀어지게 하는 데 박차를 가한 요인이 됐다.

차의 생산지로 유명한 경상남도 밀양에서 태어난 김종직(金宗直. 1431~1492)이 고향에서 가까운 함양군수로 부임(1471)했을 때, "궁중에 진상해야 할 차가 이미 함양군에서는 생산되지 않음에도 이곳의 백성들에게 전처럼 차에 대한 세금이 부과되고 있다. 이를 해결하기 위해 진상용의 관영 차밭을 개설했다"라는 기록을 남겼다.

그 전의 1454년에 나온 『지리지』(地理志)에 함양 지방에 차나무가 있었다고 적혀 있는 것으로 보아 그 뒤에 차나무를 베어버렸음에도 세금만 징수했다는 말이 된다.

또 다인(茶人)으로 유명한 실학사상가인 다산 정약용(1762~1836)은 쇠퇴해가는 다도를 애석히 여긴 사람 중에 한 사람이다. 그는 『경세유표』(經世遺表)에서 "차는 당초에 약초였는데 조정이 여기에 과세하게 됐다. 민간에게 상거래를 맡겨두면 좋을 것을 관이 나서서 직접 장사를 하고 백성들이 개인적으로 파는 것을 금지했다. 위반자는 죄를 물어 계속 죽일 수밖에 없게 됐는가?" 하고 한탄했다.

이런 상황 속에서 차나무를 재배하고자 하는 백성들의 열의가 없어지면 원래 남방산인 동백꽃과에 따른 이 식물이 추위가 혹심한 한반도 땅에서 자연스레 뿌리를 내리고 널리 퍼져나가기는 어려웠으리라고 보인다.

사람들이 차로부터 쉽게 멀어진 이유 중의 또 하나로 술을 들 수 있다. 원래 차를 마시며 풍류를 즐기던 사람들이 '곡차'를 마시게 됐고, 이것이 차의 대용 역할을 했다는 설이다. 곡차란 실은 곡류로 빚은 막걸리를 뜻한다. 사원의 승려들이 내놓고 술을 먹을 수 없었기에 막걸리를 쌀 등으로 만든 차라고 칭하고, 알코올 도수가 낮은 이 술을 마셨다. 그런 이유로 수분을 보급하는 음료로서 또는 손님을 접대할 때 필요한 음료로서 녹차 대신에 막걸리를 내게 됐다는 해석이다.

또한 물김치를 차 대신에 손님에게 내었다는 사실로 미루어봐도 차가 없어도 특별히 불편을 느끼지 않았으리라는 점은 수긍이 간다. 그리고 우리나라는 예로부터 물이 좋아 일부러 차를 끓여 먹지 않아도 물 자체가 충분히 맛있는 음료였기에 다도가 쇠퇴했다고도 한다. 그렇지만 뭐니 뭐니 해도 정치의 힘이 다도가 쇠락하는 방향을 크게 결정지었다는 것은 부정할 수 없겠다.

새로운 음료의 개발

한편 차를 마시는 풍습이 쇠퇴해감에 따라 사람들은 생활의 지혜를 모아 다른 음료를 만들어 마셨다. 그 대부분은 한약재료를 사용한 약용효과가 있는 음료였다. 마침 유학이 널리 퍼져 부모와 윗사람 등 고령자를 소중히 모시는 유교사상이 사회의 근간을 이루게 되자 노인영양학적인 분야가 개척됐다.

여기에 '약식동원'(藥食同源), 즉 약과 음식의 근원은 같다는 사상이 합쳐져 약용음료를 일상적으로 마시게 됐다. 그 중의 하나가 약차이다. 차라고 부르는 것은 그 이전에 차를 마시던 습관에서 왔지만 그 내용물은 한약재료를 마시기 좋게 가공한 것이다.

대표적인 약차에 구기차가 있다. 빨갛게 익은 구기자 열매를 말렸다가 여기에 누룩가루와 향유(香油)를 섞어 숙성시킨 것으로 소금을 조금 타서 마신다. 또 말린 구기자 열매만을 달여 마시는 구기차도 있다. 이 차는 일본의 일부 지방에서도 마시는 것 같다.

국화차는 국화잎을 녹둣가루를 묻혀 살짝 데쳤다가 꿀물을 탄 물에 띄워서 마신다. 아주 정취가 넘치는 음료이다. 식용 국화가 많은 일본에서도 간단히 만들 수 있을 것이다. 그 밖에 인삼차, 유자차, 오미자차, 녹두차, 자소차(紫蘇茶) 등 얼마든지 있다. 대체로 이런 차는 꿀을 타서 마신다.

탕도 있었다. 약탕에서부터 발달한 것인데 향기가 좋은 약초와 건강에 좋은 열매나 씨를 달여 향기와 맛도 즐기고 또 몸에도 좋다는 음료이다.

예를 들어 온조탕(溫棗湯) 만드는 법을 보자. 대추 달인 물과 생강즙에 꿀을 넣고 여기에 사향(麝香)을 첨가한 뒤 끓인 물을 부어 마신다. 또 봉수탕(鳳髓湯)은 잣과 호두 따위를 갈아 꿀에 재었다가 끓인 물에 타서 마신다. 여지탕(荔枝湯)은 매실과 꿀, 계핏가루, 말린 생강가루, 정향(丁香)가루를 섞어 잘 짓이겨서 끓인 물에 타서 마신다.

그 밖에도 탕의 종류는 아주 많다.

장(漿)이라는 약용음료도 만들어 마셨다. 이것은 앞에서 소개한 신라의 유산음료인 '장수'와는 다르지만 장수가 변형된 것인지도 모르겠다. 재료는 탕과 마찬가지로 향이 좋은 약초나 과실을 이용해 만들었다. 좀 다른 점은 이런 재료의 즙을 내어 약간 발효시킨다는 점이다.

지금도 애용되고 있는 모과장(木瓜漿)을 만드는 법을 보자. 모과를 대주걱으로 잘게 썰어 체에 받혀 찌면 즙을 얻을 수 있다. 이 즙에 꿀과 대나무즙, 생강즙을 합쳐 항아리에 넣고 밀봉해 둔다. 발효가 되면 끓인 물에 타서 마신다. 모과차는 녹차만큼 간단히 마실 수 있는 차는 아니지만 고령자나 환자, 또는 풍류를 즐기려는 사람들

사이에서 퍼져나갔다.

　현재 우리들이 마시는 음료는 대부분이 잡곡 종류의 씨를 볶은 것이다. 보리나 율무, 결명자 등이 흔히 끓여 먹는 차이다. 시골에서는 아직까지 앞에서 서술한 숭늉을 마시는 곳도 있지만 서울 같은 도회지에서는 식후에 커피나 홍차만 찾는다. 한국에서는 최근에 녹차가 부흥되려는 조짐도 보여, 최근 몇 년 사이에 애호가도 많이 늘었다. 전라도에서는 차밭이 부활되어 그곳에서 만든 차가 상품으로 나와 있다.

　어떤 민족이 일상적으로 마시는 음료가 무엇이냐는 것은 그 민족과 그 지역 사람들의 생활문화를 단적으로 보여주는 면이 있다. 한반도의 음료문화가 중국대륙이나 일본열도와는 상당히 다르다는 것을 살펴봤다. 우리의 음료문화는 우리나라 사람들이 자연적인 조건과 사회적인 조건에 어떻게 대응하면서 꿋꿋하게 살아왔는가 하는 점을 충분히 말해주는 생활문화사의 한 단면인 것이다.

참고문헌

이 책을 쓰면서 많은 문헌을 참고했는데 중요한 것만 열거하면 다음과 같다.

강인희,『한국식생활사』, 삼영사, 1978.

김명배,『한국의 차도문화』, 1971년 7월호부터 1980년 9월호『아시아공론』에 연재.

김병하,『이조전기 대일무역연구』, 한국연구원, 1969.

도봉섭·임록재,『조선식물도감』, 과학출판사, 1976.

박구병,『한국어업사』, 정음사, 정음문고 73, 1975.

박용구,『한국식료품사』, 정음사, 정음문고 14, 1974.

유태종,『한국의 명주(銘酒)』, 중앙일보사, 중앙신서 3, 1978.

윤서석,『한국식품사연구』, 신광출판사, 1974.

_____ ,『한국음식』, 수학사, 1982.

이성우,『한국식경대전』, 향문사, 1981.

_____ ,『고려 이전 한국식생활사 연구』, 향문사, 1978.

이춘녕,『이조농업기술사』, 한국연구원, 1964.

정문기,『어류박물지』, 일지사, 1974.

정양원 역주,『규합총서』, 보진재, 1975.

조선연구회 편,『조선박물지』(원제 증보산림경제), 1914.

최남선,『조선상식문답』, 삼성문화문고 16, 1972.

황혜성,『한국요리백과사전』, 삼중당, 1976.

_____ ,『궁중음식 · 향토음식』, 홍보문화사, 1980.

지은이 후기

이 책을 쓰려고 마음 먹은 것이 1980년 1월 말 무렵이었다. 1979년 여름부터 『공장적 통신』에 '조선식물문화담'(朝鮮食物文化譚)이란 제목으로 조선과 일본의 식문화의 연결성 등에 관해 생각나는 대로 부담없이 써달라는 부탁을 받고 글을 쓴 것이 계기가 되었다.

내 글을 본 츠키지쇼칸(築地書館)의 도이 쇼이치로(土井壓一郎) 사장이 연재 1회분을 읽고 책으로 낼 생각이 없느냐고 제안해 왔다. 책으로 묶어낼 생각으로 연재를 시작한 것도 아니었고, 또 책으로 묶을 만큼 양이 갖추어질지 자신이 없었다. 그렇지만 도이 씨가 열심히 권하는 바람에 연재에 싣는 내용과 같은 것이라면 그렇게 하자고 말한 것이 1980년 1월 말이었다.

도중에 여러 사정이 겹쳐 1982년 봄부터 본격적으로 쓰기 시작해 결국 84년 봄에 원고를 탈고했다. 어찌됐든 머리말에서도 쓴 것처럼 이 책을 통해서 조선의 음식에 응축된 지혜를 독자들이 알게 되었으면 하는 생각에서 썼을 따름이다.

그 간에 1983년부터 오사카의 국립민족학박물관에서 '동아시아의 식사문화의 비교연구'의 공동연구원으로서 공부할 기회를 얻었다. 이 책의 원고의 일부는 연구회에서 발표한 것임을 밝혀둔다.

책을 멋지게 만드는 것으로 정평이 나 있는 다무라 요시야(田村義也) 씨가 장정을 맡아주셨다. 멋진 장정을 만들어준 다무라 요시야 씨, 그리고 도이 쇼이치로 씨에게 감사드리는 바이다.

1984년 5월 20일

정대성

옮긴이의 말

이 책은 1984년 일본 츠키지쇼칸(築地書館)에서 출간된 『조선의 음식』(朝鮮の食べもの)을 번역한 것이다. 제목 그대로 우리들이 일상적으로 먹는 음식인 밥과 고기, 야채, 과일, 생선, 술, 차에 관한 내용인데, 광범한 자료를 이용해 삼국시대부터 현재까지 식문화 전반을 다루고 있으며, 지역도 한국에만 국한되는 것이 아니라 북한, 중국, 일본으로 확대돼 비교문화사적인 생활문화에 관한 많은 정보와 지식이 담겨져 있다. 특히 저자가 일본에서 태어나 자랐기 때문에 일본의 생활문화에 관한 부분은 일본을 이해하는 데 많은 도움이 되리라고 생각된다.

저자 정대성 선생님은 평생 우리의 식문화를 연구하셨으며 많은 저서를 내셨다. 그 책들은 일본에서 한국의 문화를 긍정적으로 알리는 데 큰 역할을 담당했다. 지금 일본에서는 2002년 월드컵 축구

공동개최를 앞두고 한국붐이 한창이다. 도쿄에서 서울로 가는 비행기는 좌석 구하기가 어려워 몇 달 전에 예약을 해야 한다. 비행 횟수를 늘리는 것이 두 나라의 현안이라고 하니 알 만도 하다. 이런 현상 뒤에는 한국의 문화를 일본에 알리는 작업을 꾸준히 해온 많은 사람들의 숨은 노력이 있는 것이다.

일본에서 생활한 지도 벌써 햇수로 10년째이다. 한국에 있으면 아주 당연한 문화나 생활습관도 나라 밖에서 살아서 그런지 새삼스럽고 애착이 갈 때가 많다. 아마 다른 문화 속에서 자국의 문화가 상대적으로 더 잘 보이기도 하고, 또 비교의 대상이 되기 때문일지도 모른다. 이 책은 그런 의미에서 번역자이기에 앞서 독자로서 참 재미있게 읽은 책이다. 한국에 있을 적엔 무심히 지나쳤던, 집 마당에 있던 방풍이며 늘 부엌에 걸려 있던 반건조 명태꿰미도 다시 생각하게 됐다. 이 책을 통해 우리의 귀한 음식거리를 되돌아보는 계기가 되었고, 실생활에 도움이 되는 많은 생활정보를 알게 된 것도 큰 수확이었다.

번역은 원문에 충실하되 한국 독자들이 읽기 쉽도록 현 시점과 차이가 많이 나는 내용은 현실에 맞게 고쳤음을 밝혀둔다. 몇 차례 윤문 작업을 하고 원고 대조를 했지만 혹 잘못된 번역이 있을까 걱정이 된다. '조선'이라는 말은 일본에서 국가가 아니라 문화적·역사적·민족적 실체로서 쓰이지만 번역함에 있어서 생략하거나 '우리나라'라고 고쳤다. 분단 이후에 태어나 교육을 받은 사람들은 '우리나라' 하면 한국만이 떠오를지도 모르겠다. 분단상황이 우리의 사고조차도 반쪽으로 분단시킨 것 같아 씁쓸한 생각이 들지만, '조선'이라는 말을 들으면 '조선시대' 밖에 생각이 나지 않는 것이 분단교육의 실상이니 그 상황(현실)을 인정하지 않을 수도 없다. 그렇지만 일본에서 '조선'이라고 할 때는 분단되지 않은 '우리나라'를 가리킬 때가 많다는 것을 부언해 둔다.

또한 일본사람들에게는 설명이 필요하지만 우리들에게는 불필요한 부분은 일부 생략하고, 그 대신 일본의 식문화와 관련된 내용은 주를 붙이거나 사진 등을 덧붙였다. 이 책을 통해 독자들이 우리의 식문화 속에 들어 있는 지혜를 다시 한 번 발견하게 되는 계기가 됐으면 한다.

끝으로 여러모로 도움을 준 남편 후지나가 타케시(藤永 壯), 원문대조 작업을 도와준 야마즈미 유미(山澄由實) 씨, 이유숙 씨, 이명자 씨, 그리고 독자로서 번역문을 읽고 도움말을 준 황자혜 씨에게도 고마움을 전한다.

2001년 2월 10일

오사카에서 김경자

우리 음식문화의 지혜

지은이 정대성
옮긴이 김경자
펴낸이 장두환
펴낸곳 역사비평사

등록 1988년 2월 22일 제1-669호
주소 서울시 종로구 계동 140-44
전화 영업부 741-6123~4
　　　편집부 741-6127
팩스 741-6126
E-mail yukbi@unitel.co.kr

제1판 제1쇄 2001년 4월 30일

ⓒ 정대성, 2001

값 9,000원

ISBN 89-7696-251-6-03910

* 잘못된 책은 구입하신 서점에서 바꾸어 드립니다